*Micha Brumlik/*
*Petra Kunik (Hrsg.)*

*Reichspogromnacht*

Gedenkveranstaltungen wie die zum 9. November 1938 lassen in ihrer Hilflosigkeit immer wieder eine Frage in den Vordergrund treten: Herrscht hierzulande eine gespaltene Erinnerung? Tun Täter und Opfer – wie auch deren Kinder – zweierlei, wenn sie der Opfer des Nationalsozialismus gedenken?
Micha Brumlik und Petra Kunik lassen ausschließlich jüdische Opfer des Nationalsozialismus oder deren Kinder zu Wort kommen, um so anderen Stimmen Gehör zu verschaffen. Es geht ihnen nicht um modische „Betroffenheit", sondern um einen Erfahrungshintergrund, der nicht durch schlechtes Gewissen, sondern durch Trauer, nicht durch den Wunsch nach „Wiedergutmachung", sondern durch das Streben nach Verstehen und Vergewisserung geprägt ist.
In den beharrlichen Fragen von Jüdinnen und Juden der zweiten Generation wie in den nüchternen Erinnerungen der Opfer erweisen sich Gedenktage und ähnliche Anlässe als ebenso schwache wie doch unverzichtbare Krücken der Erinnerung, als unaufgebbare, wenn auch unzulängliche Rituale.

*Die Herausgeber:*

*Micha Brumlik,* Professor für Pädagogik an der Universität Heidelberg und Lehrbeauftragter an der Hochschule für Jüdische Studien in Heidelberg.

*Petra Kunik,* Schauspielerin und freie Autorin. Veröffentlichte u. a. Kindertheaterstücke, Kurzprosa und Essays in Zeitschriften und Anthologien.

**Micha Brumlik / Petra Kunik (Hrsg.)**

# Reichspogromnacht

## Vergangenheitsbewältigung aus jüdischer Sicht

*Mit Beiträgen von Micha Brumlik, Emil Carlebach, Kurt Grünberg, Doron Kiesel, Salomon Korn, Cilly Kugelmann, Petra Kunik, Ernst Loewy, Irene Runge und Valentin Senger*

**Brandes & Apsel**

Auf Anforderung informieren wir regelmäßig über das Verlagsprogramm. Eine Postkarte an den Brandes & Apsel Verlag, Nassauer Str. 1–3, D – 6000 Frankfurt/M. 50, genügt.

CIP-Titelaufnahme der Deutschen Bibliothek

**Reichspogromnacht:** Vergangenheitsbewältigung aus jüd. Sicht/ Micha Brumlik; Petra Kunik (Hrsg.). Mit Beitr. von Micha Brumlik ... – Frankfurt (Main): Brandes & Apsel, 1988
ISBN 3–925798–92–7
NE: Brumlik, Micha [Hrsg.]


Umschlag: Michael Stamm, 5010 Fliesteden
Satz und Druck: Nexus Druck und Verlag, Frankfurt a. M.

ISBN 3–925798–92–7

# Inhalt

# Vorwort

Wie 1988 anläßlich der fünfzigsten Wiederkehr der Pogromnacht vom 9. November 1938 zu gedenken sei, ist eine Frage, die Deutsche und Juden, die einen als Angehörige des Kollektivs, das brandschatzte und mordete, die anderen als Angehörige des Kollektivs jener, die schließlich zu Millionen in den Vernichtungslagern umgebracht wurden, auf unterschiedliche Weise betrifft.

So problematisch und archaisch die Verwendung des Begriffs des „Kollektiven" auch erscheinen mag, so sehr verweist sie auf ein psychologisches Problem, das mit dem Begriff „Schuld" – „kollektive Schuld" – nicht begriffen werden kann und doch auf zutiefst unterschiedliche Erfahrungen hindeutet. Kaum ein Zweifel kann daran bestehen, daß die Auseinandersetzung mit dem Nationalsozialismus und der industriellen Massenvernichtung bei Juden und Nichtjuden fundamental unterschiedlich verläuft – zumeist jedenfalls.

Am Anfang der üblichen deutschen „Trauerarbeit" steht das Schweigen über den Holocaust im Familienalltag.

Bei den Kindern der Opfer aber greift dieser Versuch der vielzitierten sogenannten „Gnade" nicht: Auf dem rechten Unterarm eingebrannte, schamvoll unter langen Ärmeln oder Abschleifnarben versteckte KZ-Nummern, „Anekdoten" über nie gekannte Familienmitglieder führen die Kinder der Überlebenden zwangsläufig zu den Opfern des Holocaust.

Auf der Suche nach Selbstvergewisserung müssen die Kinder der Überlebenden Erinnerungsarbeit an die nationalsozialistische Judenvernichtung von Tätern und Mitläufern einklagen.

Wie schwierig die Vergewisserung der Wahrheit ist, wie mühsam es auch und gerade in der DDR ist, dem Tag des Pogroms nachzuforschen, zeigt *Irene Runge*, Soziologin aus Ost-Berlin. Ihr Beitrag läßt deutlich werden, wie eng autobiographische Reflexion und historisches Forschen miteinander verwoben sind.

Der 9. November 1938 wurde von bedrängten Juden im In- und Ausland, in der Emigration und in Deutschland, bei allem Erschrecken unterschiedlich erfahren. Ohne die Berichte jüdischer Zeitzeugen bliebe auch die Erinnerungsarbeit der zweiten Generation gegenstandslos.

*Valentin Senger* beschreibt zwei unterschiedliche Erfahrungen des 9. November in Frankfurt a. M. Einmal 1938, als die Synagogen brannten, und dann 1946 bei der ersten Trauerfeier der Alliierten am Börneplatz für die Opfer der Shoah.

Die Auswirkungen des 9. November erreichten auch die Juden, die sich rechtzeitig vor der Nazi-Gewalt in Sicherheit gebracht hatten. *Ernst Loewy* lebte 1938 als Lehrling in einer deutschsprachigen Buchhandlung in Tel-Aviv und schildert eindrucksvoll die Veränderungen, die das Pogrom für ihn und andere Juden in Palästina nach sich zog.

*Emil Carlebach*, als Kommunist dem Buchenwaldschwur verpflichtet, zeigt den bis heute anhaltenden instinktlosen Umgang mit der jüngsten deutschen Geschichte auf.

Das Aufwachsen im Land der Täter bedeutet für die zweite jüdische Generation einen besonderen Zwiespalt, der sich tief in ihr seelisches Erleben eingegraben hat.

Der Diplom-Psychologe *Kurt Grünberg* befaßt sich mit den Folgen des Holocaust bei den Nachkommen jüdischer Überlebender in der BRD und dem Dilemma zwischen der Identifizierung mit den verfolgten Eltern und der Identifizierung mit den Verhältnissen des Landes, in dem sie leben.

Offizielles Gedenken ist in der Bundesrepublik Deutschland ebenso Mode, wie es von jeher mißglückt ist. Ort und Zeit des Gedenkens werden immer politisch geprägt und vereinnahmt – so auch bei dem Gedenken an den nationalsozialistischen Judenmord und den ihm vorausgehenden Pogrom. Am Beispiel des Konfliktes um den Frankfurter Börneplatz und der Geschichte des 9. November in der Bundesrepublik wird dies besonders deutlich.

Wie kann unter solchen Umständen richtiges Gedenken aussehen, und was für eine Zukunft kann es haben?

*Salomon Korn*, Architekt des jüdischen Gemeindezentrums Frankfurt a. M., fragt am Beispiel der freigelegten Funde des alten Judenghettos in Frankfurt a. M. nach der „gegenwärtigen Vergangenheit am Börneplatz“ und den Umgang mit deutsch-jüdischer Geschichte.

Auch *Doron Kiesel* setzt sich mit dem Geschehen um den Börneplatz auseinander und kritisiert in seinem Beitrag die instinktlose kommunalpolitische Instrumentalisierung dieses Gedenkortes, ebenso wie ideologische Versuche neudeutscher Identitätsstiftung.

*Petra Kunik* zeichnet eine Woche geballten jüdischen Lebens zur Zeit der Börneplatz-Besetzung in Frankfurt a. M. nach.

Daß Gedenktage ihrerseits eine Geschichte haben, die von politischen Interessen nicht frei sind, zeigt *Cilly Kugelmann* in ihrem Überblick zum Entstehen des so nur in Deutschland begangenen „9. November". In fast allen anderen Ländern der Welt begehen Juden einen Gedenktag an den Holocaust; dies ist aber nicht der 9. November.

Schließlich unternimmt *Micha Brumlik* den Versuch, die Bedingungen öffentlichen Gedenkens, von Trauer und Solidarität, in einer Gesellschaft wie der Bundesrepublik auch für die Zukunft zu ermessen.

Die Frage nach der Zukunft des Gedenkens ist alles andere als eine beliebige Spekulation. Die Bundesrepublik Deutschland ändert sich in ihrer Altersstruktur wie auch in ihrer ethnischen Schichtung dramatisch, und die Zeit ist abzusehen, in der politisch Verantwortliche, die nach dem Krieg geboren wurden, ein historisches Verantwortungsbewußtsein gegenüber Bürgerinnen und Bürgern zu repräsentieren haben, bei denen noch nicht einmal mehr die Großeltern den Nationalsozialismus bewußt erlebt haben oder deren Großeltern noch gar nicht in der Bundesrepublik lebten.

Ob Historiker den Nationalsozialismus und seine Untaten historisieren sollen, ist eine Frage; daß der wachsende Zeitabstand den Nationalsozialismus historisieren wird, scheint dagegen gewiß. Daß endlich die Bundesrepublik Deutschland auf noch nicht absehbare Zeit die politische und moralische Haftung für ihren Vorgängerstaat weiterhin wird übernehmen müssen, kann ebenfalls als gesichert angesehen werden. Wie unter diesen Bedingungen die Bürgerinnen und Bürger dieses Staates eine sensible und verantwortliche Haltung zur Geschichte des Staates, in dem sie leben, gewinnen können, ist eine Frage, die durch den 9. November 1988 nicht abgeschlossen werden kann, sondern überhaupt erst neu erschlossen werden müßte.

Der vorliegende Band, der ausschließlich Stimmen von in der Bundesrepublik bzw. der DDR lebenden Jüdinnen und Juden zu Wort kommen läßt, soll keine weitere Variante modischer „Betroffenheitsliteratur" darstellen, sondern will eine andere Sichtweise – oder vielmehr unterschiedliche Sichtweisen – in die Diskussion um die Zukunft des Gedenkens hineintragen, derer diese Diskussion bedarf, wenn sie nicht zum leeren, selbstzufriedenen Ritual werden soll. Nicht zuletzt wird aus den Beiträgen deutlich, wie unterschiedlich auch Jüdinnen und Juden sich zur Geschichte des nationalsozialistischen Antisemitismus verhalten. Bei aller Unterschiedlichkeit wird indessen deutlich, daß es um das Gegenteil von „Betroffenheit“ und Larmoyanz geht: nämlich um genaue Beobachtung, kühle Analyse und – bei allem Engagement – um eine gewisse Distanz. Ohne sie scheint das Ungeheuerliche weder ertragbar noch erkennbar zu sein. Die distanzierte Sicht von Betroffenen könnte die künftigen Diskussionen über das rechte Gedenken um eine Dimension erweitern, die bisher im Bannkreis von historischen Abhandlungen hier, gezwungenen Festreden dort, keinen Platz zu haben schien: den ebenso nüchternen wie beharrlichen Einspruch jener, die als Minderheit von Überlebenden hierzulande leben und mit diesem Leben Zeugnis dafür ablegen, daß bei allem zeitlichen Abstand das Vergessen einer zweiten Mordtat gleichkäme.

*Micha Brumlik/Petra Kunik*

Cilly Kugelmann

# Die gespaltene Erinnerung

## Zur Genese von Gedenktagen an den Holocaust

Eine Schwierigkeit mit einem katastrophalen Ereignis ist die unerträgliche Gleichzeitigkeit des subjektiven Erlebens dieses Ereignisses, soweit man ihm als Opfer ausgesetzt war, und der objektiven Einschätzung derjenigen, die es lediglich beobachteten oder nur vom Hören-Sagen kennen. Es ist wie das befremdlich-einsame Gefühl, bei strahlendem Sonnenschein auf den Friedhof zu gehen, um einen geliebten Menschen zu begraben, während im Radio unerbittlich die tägliche Reklame weiterläuft, die Straßengeräusche sich nicht auf die traurige Situation einstellen und der Alltag unbeeindruckt alltäglich bleibt. Diese Fremdheit in der Wahrnehmung setzt sich in der Erinnerung fort und strukturiert sie, beeinflußt durch noch viele andere Faktoren.

Katastrophen entziehen sich nach kurzer Zeit dem existentiellen Erleben und graben sich als Zeichen und Symbole für Veränderungen in die Lebensgeschichte ein. Die Schwierigkeit in der Wahrnehmung und Erinnerung von Katastrophen, die nicht Individuen geschehen, sondern Kollektive betreffen, vervielfältigen sich durch unterschiedliche Symbolisierungen, die von der Einschätzung der Bedeutung des Ereignisses für das individuelle Schicksal und die kollektiven Konsequenzen abhängig sind.

Diese Unterschiede im Gefühl als auch in der Interpretation der geschichtlichen Ereignisse gestalten Erinnerungstage an die nationalsozialistische Judenvernichtung und an Daten des 2. Weltkrieges in der Bundesrepublik zu peinlichen Angelegenheiten. Während das Ende des Krieges für seine Opfer ein Jubeltag ist, der z. B. in der Sowjetunion festlich begangen wird, vergeht der „Tag der Kapitulation" in der Bundesrepublik, wenn nicht gerade ein rundes Jubiläum droht, unbemerkt. Eine Gedenkfeier auf einem Friedhof, auf dem SS-Männer begraben liegen, gleichgültig wie jung oder persönlich schuldig sie gewesen sein mögen, ist für Juden Hohn und Spott. Während die deutschen Gedenkplaner auf die Individuen hinweisen, die man nicht pauschal verurteilen könne, bleibt die SS für ihre jüdischen Opfer *die* Organisation, die den Massenmord erfunden und organisiert hat. So bleibt der Verdacht nicht aus, daß es wahrscheinlich in absehbarer Zeit unmöglich sein wird, vertretbare gemeinsame Gedenktage für Juden und Deutsche zu begehen, wenn man an der Auffassung festhält, daß die nationale Lesart der Geschichte legitimer Ausgangspunkt für Gedenkpolitik bleibt.

Im Unterschied zum Gedenken an persönliche Geschehnisse, die das Leben einschneidend verändern und für die Religion und andere kultische Traditionen sorgen, haben offizielle Gedenktage die Aufgabe, historische Ereignisse so zu strukturieren, daß sie in den gewünschten Ablauf einer nationalen Geschichte passen.

Todestage und Trauerriten ermöglichen es weiterzuleben, ohne daß Melancholie und Depression das Leben überschatten und der schwere Verlust dem historischen Gedächtnis entzogen wird. Für die Erinnerung an kollektive Ereignisse stehen öffentliche Gedenktage zur Verfügung, die eine ähnliche Aufgabe erfüllen. Je grausamer und schmerzlicher der Anlaß jedoch ist, dessen gedacht werden soll, desto größer ist das Dilemma, in dem sich öffentliche Gedenktage befinden. Kein geplanter Festakt kann eine symbolische Sprache entwikkeln, die dem Anlaß gerecht wird, während es andererseits unmöglich ist, auf ein solches Ereignis zu verzichten. Günther Anders hat dieses Dilemma anläßlich der Erinnerungsfeier für die Zerstörung Hiroshimas im Jahre 1958 als die „Geschichte ihrer Selbstfälschung" bezeichnet. Die zerstörte Stadt wurde wieder aufgebaut, wie Warschau, das nach dem Aufstand 1944 zu über 90% zerstört war, wieder aufgebaut wurde. Dieser Aufbau mag den Planern und Arbeitern wie eine kollektive Selbstbestätigung der Unbesiegbarkeit erschienen sein, als ein Triumph des Lebens über den Vernichtungswillen des einstigen Gegners. Aber, fragt sich Anders, wird dieser Triumph denen gerecht, die in der Verwüstung ihr Leben ließen, wird nicht durch die Wiederherstellung des Zustandes vor der Zerstörung die Erfahrung der Opfer noch einmal symbolisch zerstört? „Denn der Wiederaufbau ist eben die Zerstörung der Zerstörung, und damit die Kulminierung der Zerstörung." Kann es überhaupt einen wahrhaftigen Ausdruck symbolischer Erinnerung geben, der die Erfahrungen der Opfer bewahrt?

Eine weitere Schwierigkeit bergen die symbolischen Erinnerungen an die Vernichtung des europäischen Judentums durch das Fehlen eines Datums, das den Vernichtungsprozeß bündeln könnte. Zwar wurde auf der Wannsee-Konferenz im Januar 1942 die Endlösung beschlossen, aber um diesen Beschluß treffen zu können, war vorher viel ideologische, diskriminatorische und mörderische Arbeit verrichtet worden. Ohne den Boykott jüdischer Geschäfte im April 1933, die Nürnberger „Judengesetze“ aus dem Jahr 1934, die Zerstörung der Synagogen und die Verhaftung vieler jüdischer Männer im Jahre 1938 und die Mordaktionen der mobilen Tötungskommandos ab November 1941 in den von der Wehrmacht besetzten Gebieten der Sowjetunion, ist die Idee und Wirklichkeit der Massenvernichtung undenkbar. Und dennoch kann keines dieser Ereignisse als *der* Tag betrachtet werden, der für die Endlösungspolitik schlechthin steht.

Die Tatsache, daß ein bestimmter Tag zu dem Erinnerungstag für die Ermordung des jüdischen Volks geworden ist, hängt denn auch mehr von Zufälligkeiten als von überlegten Planungen ab. Die Wahl des Tages für den *Jom Haschoah*, den Gedächtnistag des Holocaust in Israel und in vielen jüdischen Gemeinden in der Welt, geht auf unterschiedliche Quellen zurück. Auf der War Emergency Conference in Atlantic City 1944 forderte der World Jewish Congress das Rabbinat im damaligen Palästina auf, einen nationalen Trauertag für die Toten des Warschauer Ghetto-Aufstandes auszurufen. Der toten Kämpfer sollte mit einem öffentlichen Kaddisch, dem Totengebet, gedacht werden, was bedeutet, daß die Erinnerung an den Aufstand in den Rahmen religiöser Trauer gestellt wird. Die Rolle der überlebenden Angehörigen, die das Kaddisch für den Verstorbenen sagen, soll das jüdische Kollektiv übernehmen. Sie erklären sich damit zu Söhnen der Ghettokämpfer, indem sie diese als ihre Väter adoptieren und sie so der Tradition des Judentums erhalten. Über die Massenvernichtung in Gaskammern gab es zwar schon Informationen, aber weder wurden sie wirklich ernst genommen, noch war das Ausmaß der Tötungen bekannt. Im April 1948 bat ein Mitglied der Mapam, einer zionistischen Arbeiterpartei, wiederum das Rabbinat, anläßlich des 5. Jahrestages des Ghetto-Aufstandes diesen Tag zum nationalen Todesgedenktag zu erklären. Diese Aufforderung stellt bereits eine andere Stufe kollektiver Verallgemeinerung dar. Sie geht weiter als das öffentliche Totengebet, in dem der Aufstand als historisches Datum der nationalen Geschichte gewertet wird. Am 12. April 1951 schließlich beschloß die Knesset, das israelische Parlament, einige Wochen nach der Veröffentlichung der israelischen Wiedergutmachungsforderungen an die Bundesrepublik, ein Gesetz über die Einrichtung eines offiziellen Holocaust-Gedenktages. Damit griff das israelische Parlament den Vorschlag auf, den Tag des Ghetto-Aufstandes zum *Jom Haschoah* zu erklären, stellte ihn aber, indem es das Datum vom 14. Nissan (19. April) auf den 27. Nissan verlegte, in einen historischen Kontext, der auf die Leidens- und Verfolgungsgeschichte Israels schlechthin verwies, die mit der Schoah ihren bisherigen Höhepunkt erreichte. Im Monat Nissan sind Verfolgungsereignisse zu verzeichnen, die bis auf die Kreuzzüge zurückgehen. Damit stellte die israelische Regierung die Vernichtung des europäischen Judentums in die Reihe jüdischer Katastrophen und verknüpfte sie mit der Geburt Israels als einem Tag des Aufstands, des Widerstands, der nicht nur als Gegenwehr gegen die Nazis interpretiert, sondern auch als Kampf gegen die Diaspora gewertet wurde.

Die Geschichte des 9. November 1938 als Gedenktag läßt sich historisch kaum rekonstruieren. Es fehlen Quellen, sowohl in jüdischen als auch in deutschen Archiven, was auch ein Hinweis darauf ist, daß dieser Tag erst mit der Zeit und zufällig ein Gedenktag geworden ist. Die Inszenierung der „Kristallnacht“ als Gedenktag sieht vor, daß Jüdische Gemeinden deutsche Politiker einladen, mit Reden an die Morde zu erinnern, die „im Namen des deutschen Volkes“ an den Juden begangen wurden. Müßten nicht eigentlich deutsche Politiker zu einem Erinnerungstag an die Vernichtungspolitik jüdische Bürger einladen? Das Merkwürdige an dieser Umkehrung ist, daß es offensichtlich die Juden sind, die sich jährlich vergewissern müssen, daß diese Tat im Bewußtsein der Deutschen erhalten bleibt. Die Rede von der zur Versöhnung ausgestreckten Hand, die Juden den Deutschen endlich reichen sollten, ist wohl eher so zu verstehen, daß deutsche Repräsentanten nicht nur der Aufforderung nachkommen wollen, ihre Gesinnungspflicht in Sachen Erinnerung zu erfüllen, sondern auch erwarten, daß neben den Mahnmalangelegenheiten jüdische Institutionen auch dazu übergehen sollten, mit Versöhnungsveranstaltungen zu beginnen.

Die Tradition der Einladung zum Gedenken an nationalsozialistische Untaten durch die Besatzungsbehörden und später durch jüdische Einrichtungen begann bereits unmittelbar nach Kriegsende. Am 11. Dezember 1945 flatterte der Frankfurter Stadtverwaltung ein Schreiben des amerikanischen Hauptquartiers folgenden Inhalts auf den Tisch:

„Betrifft: Gedenkfeiern und Betreuung religiösen Eigentums
1. Es wurde vorgeschlagen, daß den Anwesen der drei Frankfurter

Synagogen ... durch die Anbringung einfacher Tafeln gedacht werden soll. ... Folgende Inschrift, die in Zusammenarbeit mit Dr. Neuhaus und interessierten Mitgliedern der amerikanischen Streitkräfte formuliert wurde, soll angebracht werden:

‚Hier stand die ...-Synagoge der Frankfurter Jüdischen Gemeinde, welche von den Nazi-Verbrechern am 9. November 1938 zerstört wurde.' "

Zu der Gedenkfeier, die am 20. März 1946 am Börneplatz stattfand, dem Ort, an dem vormals die beiden großen Synagogen Frankfurts standen, erschien in der *Frankfurter Rundschau* und in den *Mitteilungen der Stadtverwaltung Frankfurt a. M.* ein Aufruf. Bemerkenswert ist, daß in den Aufrufen als Ort der Veranstaltung der „Börneplatz" genannt ist. Dieser Platz war 1935 von dem nationalsozialistischen Stadtrat in Dominikanerplatz umgenannt worden, eine Bezeichnung, die erst 1978 auf Betreiben des jüdischen Hobbyhistorikers Paul Arnsberg zurückgenommen wurde. Ein seltsam zweispuriges Vorgehen wird hier sichtbar. Dem Erinnerungsbedürfnis der jüdischen Bevölkerung wird Rechnung getragen, bis hin zur Konzession der ereignisgerechten Namensänderung eines Platzes, der aber offiziell noch lange nicht geändert wird, weil es dem Erinnerungsbedürfnis der deutschen Bevölkerung offensichtlich nicht entspricht.

Fehlte schon die Demut, die deutsche Verwaltungen hätte veranlassen müssen, in eigener Regie des Naziterrors zu gedenken, so fehlte auch die Bescheidenheit, die zugedachte Rolle oder die phantasierte und befürchtete schlechte Platzkarte im Geschehen zu akzeptieren. So antwortete der Frankfurter Oberbürgermeister Walther Kolb, immerhin einer der wenigen in Deutschland, der vertriebene Juden aufgefordert hat, in ihre Geburtsstadt zurückzukehren, auf eine Einladung zur Wiedereröffnung der Westend-Synagoge am 24. August 1950:

„... bestätige ich Ihnen gleichzeitig, daß ich gern dieser Einladung folge leisten werde, und, wenn Sie es wünschen, in einer Ansprache Ihr Gotteshaus in besonders feierlicher Weise in die Obhut der Stadt Frankfurt stellen werde. Allerdings darf aus Gründen der Würde des von mir versehenen Amtes hierbei die Bitte ausgesprochen werden, daß der Oberbürgermeister der Stadt Frankfurt nicht als letzter in der Reihe der vorgesehenen Sprecher erscheint ..."

Zwei Jahre zuvor fand 1948 in Frankfurt zum ersten Mal eine Veranstaltung statt, die der Erinnerung an die „Kristallnacht" gewidmet war. Vermutlich begann diese Tradition in Berlin 1945, wo die Überlebenden vor den Ruinen der Synagoge in der Fasanenstraße des Endes des deutschen Judentums gedachten. Berlin war die Stadt, in der sich nach 1945 die meisten der wenigen deutschen Juden befanden, die nicht nur die Vernichtung des europäischen Judentums beklagten, sondern auch die Zerstörung einer jüdisch-deutschen Tradition, die sie für die fortschrittlichste in ganz Europa hielten.

Auch in Frankfurt waren es die Vertreter des deutschen Judentums, die in den ersten Nachkriegsjahren die Gemeinderäte stellten und die gerade den 9. November 1938 als Wendepunkt ihres Daseins in Deutschland empfanden. Bis zu diesem Zeitpunkt hatten viele Juden versucht, sich mit den Diskriminierungen abzufinden, sie als schmerzliche, aber berechenbare Einschränkung ihres Lebensalltags zu definieren. Der Schock über die Brutalität der Zerstörung und die Massenverhaftungen aber machte ihnen endgültig klar, daß der Traum von der deutsch-jüdischen Symbiose eine Schimäre war. Die Wahl, ausgerechnet mit diesem Datum an die Endlösungspolitik der Nazis zu erinnern, einem Datum, an dem die „Endlösung" noch nicht formuliert oder gar durch Massenerschießungen „eingeübt" war, ein Zeitpunkt, zu dem die Nazis noch das Modell des „judenfreien" Deutschland durch Massenemigration verfolgten, ein Ereignis, dessen Bedeutung sich weitgehend auf das Reichsgebiet beschränkte, deutet darauf hin, daß mit dem 9. November 1938 eher die Trauer über das verlorene Konzept des jüdisch-deutschen Miteinanders ausgedrückt wurde als über die unfaßbare Zerstörung des europäischen Judentums.

Die osteuropäischen Juden in den Lagern für „displaced persons" der Besatzungszonen, deren Alltag von ständiger „Erinnerungsarbeit" gekennzeichnet war, hätten ihre Verfolgungserfahrung sicherlich nicht mit der „Kristallnacht" in Verbindung gebracht. Sie gründeten historische Kommissionen, die die Erfahrungen einzelner während der Nazi-Zeit festhielten, bildeten Landsmannschaften, die mit Erinnerungsfeiern der zerstörten Gemeinden gedachten, benannten Betstuben und Jeschiwas, d.h. Talmud/Toraakademien, nach ermordeten Rabbinern.

Das Leid, das kein Datum fand, konnte über Jahre zu keinem einheitlichen Ereignis zusammengeschweißt werden. Seiner wurde in der subjektiven Einzelerinnerung des Herkunftsortes und einzelner Personen gedacht, bis der Staat Israel als Stellvertreter für das gesamte jüdische Volk die Vereinheitlichung im *Jom Haschoah* übernahm.

Dennoch bleibt, jenseits aller Vereinheitlichungen, das Dilemma des rechten Gedenkens unauflöslich, und trotz aller Gedenktage lebt das Furchtbare der Geschehnisse insgeheim fort, ohne in symbolischen Formen einen Ausdruck finden zu können.

„Dies ist die Rache des Negativen: Was Nirgendwo ist, das ist überall; und was in keinem bestimmten Augenblick geschieht, das geschieht in jedem Augenblick.“ (Günther Anders, Hiroshima-Jahrestag)

# Die Erfahrung des 9. November 1938

Emil Carlebach

# „Reichskristallnacht"*

„Der Judenboykott 1933 war ein Fehlschlag, die Bevölkerung der Großstädte boykottierte den Boykott ... Erst fünf Jahre später, 1938, war es soweit. Erst in der ‚Kristallnacht' konnte man den Pogrom exerzieren und ihn der Bevölkerung in die Schuhe, statt der SS und der Polizei in die Stiefel zu schieben." Erich Kästner, von dem dieses Urteil stammt, hat den Pogrom am 9. November 1938 in Berlin erlebt:

„In jener Nacht fuhr ich, im Taxi auf dem Heimweg, den Tauentzien und den Kurfürstendamm entlang. Auf beiden Straßenseiten standen Männer und schlugen mit Eisenstangen Schaufenster ein. Überall krachte und splitterte Glas. Es waren SS-Leute in schwarzen Breeches und hohen Stiefeln, aber in Ziviljacken und mit Hüten. Sie gingen gelassen und systematisch zu Werke. Jedem schienen vier, fünf Häuserfronten zugeteilt. Sie hoben die Stangen, schlugen mehrmals zu und rückten dann zum nächsten Schaufenster vor. Passanten waren nicht zu sehen ...

Dreimal ließ ich das Taxi halten. Dreimal wollte ich aussteigen. Dreimal trat ein Kriminalbeamter hinter einem der Bäume hervor und forderte mich energisch auf, im Auto zu bleiben und weiterzufahren. Dreimal erklärte ich, daß ich doch wohl aussteigen könne, wann ich wolle, und das erst recht, wenn sich in aller Öffentlichkeit, gelinde gesagt, Ungebührliches ereigne. Dreimal hieß es barsch: ‚Kriminalpolizei'. Dreimal wurde die Wagentür zugeschlagen. Dreimal fuhren wir weiter. Als ich zum viertenmal halten wollte, weigerte sich der Chauffeur. ‚Es hat keinen Zweck', sagte er, ‚und außerdem ist es Widerstand gegen die Staatsgewalt ...'

Jetzt war es soweit. Die Partei beging, wenn auch bei Nacht und in Räuberzivil, auf offener Straße Handlungen, die früher als Verbre-

---

* Aus: *Friedenskalender 1988*, Harms-Verlag, Hamburg / Kiel

chen verfolgt worden wären, und die deutsche Polizei schirmte die Verbrecher ab. In der gleichen Nacht wurden von den gleichen Verbrechern, von der gleichen Polizei beschützt, die Synagogen in Brand gesteckt. Und am nächsten Morgen meldete die gesamte deutsche Presse, die Bevölkerung sei es gewesen, die ihrem Unmut spontan Luft gemacht hätte. Zur selben Stunde in ganz Deutschland ..."

Soweit Erich Kästner. Und jetzt Müller, der Gestapo-Chef; sein Fernschreiben, das in jener Nacht herausging, lautete: „Es ist vorzubereiten die Festnahme von etwa 20 – 30 000 Juden im Reiche. Es sind auszuwählen vor allem vermögende Juden ... Dieses Fernschreiben ist geheim." (Aktenno. 234 404.9.XI.1938).

Anlaß, nicht Ursache, war das Attentat eines polnischen Juden auf einen deutschen Diplomaten in Paris. Aber: die Nazis ließen den Attentäter am Leben, er wurde 1945 befreit. Hingegen standen Stacheldraht und Bretter für die nach Buchenwald verschleppten Opfer jener Nacht (rund 12 000 Männer) schon bereit! Es spricht vieles dafür, daß der Attentäter, Herschel Grynspan, ein Werkzeug der Nazis war, ähnlich dem „Reichsbrandstifter" van der Lubbe.

Ich erlebte die Ankunft dieser Unglücklichen als Häftlinge in Buchenwald, mein eigener Vater war unter ihnen: Hunderte Meter lang stand außerhalb des Lagertores das Spalier der SS. Jeder mit Knüppel, Hundepeitsche, Ochsenziemer oder Bajonett bewaffnet. Die Wehrlosen mußten Spießruten laufen, geschlagen, getreten, zerstochen, niedergetrampelt von einer brüllenden Horde, die sich in einen wahnwitzigen Blutrausch hineinsteigerte. Kaum waren die Tausende in den vorbereiteten Stacheldraht-Pferch getrieben, kaum war es dunkel geworden, da erschienen die Peiniger von neuem, diesmal mit ihren Bluthunden, zur Menschenhatz. In dieser Nacht des 9./10. November 1938 wurden in Buchenwald 70 jüdische Männer unter dieser Folter wahnsinnig. Der SS-Hauptscharführer Sommer zertrümmerte dann eigenhändig jedem dieser 70 mit einer Eisenstange den Schädel. Heute lebt Sommer „haftunfähig" als Staatspensionär in einem bayrischen Sanatorium ...

*Die wirtschaftlichen Aspekte*

„Vor allem vermögende Juden" – es ging um ihren Besitz. Damals gab es noch keine Gaskammern; so wollte man die jüdischen Menschen zum Verlassen Deutschlands zwingen – unter Zurücklassung ihres Eigentums. Es gelang: wer sein Haus, sein Geschäft, sein Auto der SS oder dem Staat überschrieb, wurde entlassen. Ins Ausland! Und der Schrecken breitete sich aus; auch Nichtverhaftete folgten. Da auch dies den Räubern noch nicht genügte, legte der „Reichsmarschall“ Göring den deutschen Juden eine Kollektivstrafe von einer Milliarde Mark auf!

Am 12. November führten die beamteten Terroristen eine Konferenz unter Görings Vorsitz durch. Aus dem Protokoll:

„*Göring*: Welche Fabrik brauche ich überhaupt nicht? Wenn sie benötigt wird, wird sie in arischen Besitz überführt.

*Heydrich*: Sachschaden schätzen wir auf mehrere Hundert Millionen.

*Göring*: Mir wäre lieber gewesen, ihr hättet 200 Juden erschlagen (die während der ‘Kristallnacht’ in den KZs erschlagenen Juden wurden nicht erwähnt, E. C.) und hättet nicht solche Werte vernichtet.

*Wirtschaftsminister Funk*: Das Reich wird Besitzer von einer halben Milliarde in Wertpapieren.

*Goebbels*: Die kann es bei Bedarf abstoßen.

*Staatssekretär Fischböck*: Es ist ein Gewinngeschäft.“

Aus Grynspans Revolverschuß war somit ein neues Gewinngeschäft für Hitler & Co. und für die Banken und Konzerne geworden, die nun daran gingen, die geraubten Betriebe zu „arisieren“.

*Die Vorbereitungen*

Alles war bis ins kleinste vorbereitet, schon Monate vor dem Attentat:

- 26. April 1938: Alle jüdischen Vermögen müssen auf Heller und Pfennig angemeldet werden.
- 14. Juni: Alle jüdischen Gewerbebetriebe müssen gekennzeichnet werden (so wußten SA und SS, wo sie einzubrechen hatten).
- 23. Juli: Alle Juden müssen eine Kennkarte mit dem Kennzeichen „J“ haben.
- 17. August: Alle Juden/Jüdinnen müssen den Vornamen Israel bzw. Sara in die Kennkarte eintragen lassen.

So war denn für die „spontane Aktion“ des 9. November alles generalstabsmäßig vorbereitet. Und die SA- und SS-Männer, die dann die Blut- und Schmutzarbeit verrichteten, taten dies – wie nach ihnen die Wehrmacht in den überfallenen Ländern – für die Millionäre und Milliardäre, die den Raub einsteckten – ob sie nun die braune Uniform trugen oder den Nadelstreifen-Anzug.

Es war Generalstabsarbeit. Und es war Generalprobe. Denn nach den Methoden, mit denen der Raub an den Juden im Inland betrieben wurde, gingen Hitlerregierung, Konzerne und Wehrmacht dann in den überfallenen Ländern vor: in Polen, in der CSSR, in Frankreich, in der Sowjetunion. Zuerst kamen die Brandstifter und nach ihnen kamen die „Biedermänner“, deren Werkzeuge die Brandstifter gewesen waren.

### *Vom Mittelalter bis 1938*

Schon die „Kreuzritter“ des Mittelalters begannen ihre religiös verbrämten Kriegszüge in den Orient mit Raub und Plünderung in den Judenvierteln des eigenen Landes. Die Fürsten der folgenden Jahrhunderte setzten dieses Geschäft mit teils „gesetzlichen“ Mitteln, teils auch mit offener Räuberei fort.

Nachdem die Französische Revolution von 1789 die Menschenrechte proklamiert und den Juden die Gleichberechtigung gegeben hatte und auch das halbfeudale Deutschland sich dieser Entwicklung nicht entziehen konnte, wurde der Knüppel des Antisemitismus dennoch nicht fallengelassen: bis 1914 konnte ein Jude weder Beamter noch Offizier werden, und der Führer der antisemitischen Partei war kein Geringerer als Hofprediger Adolf Stoecker, Hofprediger Sr. Majestät Kaiser Wilhelms II.

Greifen wir einmal vor: der verstorbene FDP-Vorsitzende Dr. Dehler, zeitweilig Bundesjustizminister, hat öffentlich berichtet, daß im Kabinett Adenauers ein Minister saß, der sich brüstete, das Haus seiner Familie hätte in Jahrhunderten niemals ein Jude betreten.

Der Antisemitismus, der in der bürgerlichen Weimarer Republik nur noch Angelegenheit einer Schar von Schreihälsen und Raufbolden zu sein schien, wurde von der herrschenden Schicht als wichtige Waffe sorgsam in Reserve gehalten. Er konnte im Notfall dazu dienen, den Haß der sozial Benachteiligten auf eine kleine Gruppe – die Juden – zu lenken und von den tatsächlichen Nutznießern der Not abzulenken, und er konnte helfen, zu gegebener Zeit nationalistische Hysterie zu entzünden. Denn gegebenenfalls braucht man einen „Feind“ – ob es der „Andersartige“ im eigenen Land ist oder der „Erbfeind“ jenseits der Grenzen. So kann es auch nicht verwundern, daß die „demokratischen", „rechtsstaatlichen" Richter, Staatsanwälte, Ärzte, Professoren und Generaldirektoren der Republik von Weimar sich nach 1933 in übler antisemitischer Manier ergingen, um 1945 diese Seite ihrer Haltung wieder hinter „demokratischer" oder gar „christlicher" Fassade verschwinden zu lassen.

### *Von 1938 bis heute*

Der Oberbürgermeister Frankfurts entblödete sich nicht, 1955 den aus sowjetischer Kriegsverbrecherhaft entlassenen SA-Obergruppenführer Beckerele, der als Polizeipräsident die Stadt „judenfrei" gemacht hatte, auf den Stufen des Rathauses mit Handschlag zu empfangen; und Herr de Chapeaurouge, der 1939 in Hamburg einen jüdischen Bürger zu fünf Jahren Zuchthaus verurteilt hatte, weil dieser sich von einer „arischen" Masseurin hatte behandeln lassen („Rassenschande"!), wurde in der Bundesrepublik Bundesrichter. Von dem Kommentator der Hitlerschen Rassengesetze, Hans Globke, der bei Adenauer Staatssekretär wurde, gar nicht zu reden ...

1945 schworen sie alle, sie seien nie Judenfeinde, ja, sie seien Judenfreunde gewesen. Göring berief sich vor dem Nürnberger Tribunal darauf, er habe „Juden gerettet", Streicher, der Herausgeber des schlimmsten antisemitischen Hetzblattes, das es je gab, posierte als „Christ" vor seinen Richtern.

Und die anderen, die nicht gehängt wurden: Globke, Kommentator jener Rassengesetze, die den Massenmord „legalisiert" hatten, baute unter Adenauer den Staatsapparat in Westdeutschland auf und vergaß dabei keinen seiner alten Komplizen. Kiesinger, der als Verbindungsmann zwischen Hitlers Außenministerium und dem Propagandaministerium des Joseph Goebbels die antisemitische Rundfunkpropaganda für das Ausland koordinierte, saß zwar zwei Jahre in amerikanischer Internierung, wurde aber dann christlich-demokratischer Kanzler der Bundesrepublik. Von den Judenmördern des Reichssicherheitshauptamtes der SS oder des berüchtigten „Volksgerichtshofs" wurde nicht ein einziger – nicht ein einziger! – bestraft; sie wurden wieder Beamte, Richter oder allenfalls Staatspensionäre der Bundesrepublik. Der „Schlächter von Lyon", Gestapo-Chef Barbie, wurde 1945 in die „Organisation Gehlen" übernommen (heute Bundesnachrichtendienst); sein Komplize, der Gestapomann

Bartelmus, wurde Kriminalbeamter in der Bundesrepublik und anschließend Staatspensionär ...

Das alles soll zugedeckt werden, während der Antisemitismus latent unter der Decke schwelt wie in den Jahren vor 1933. Als Neonazis 1986 im hessischen Gedern dem jüdischen Arzt Kiesel das Haus über dem Kopf anzündeten, weigerte sich die von der CDU beherrschte Gemeindevetretung beharrlich, dem Verfolgten eine Solidaritätserklärung zu geben; Kiesel mußte mit seiner Familie den Ort verlassen. „Ich bin mir meines Lebens nicht sicher", sagte er. Die judenfeindlichen Äußerungen von Bundestagsabgeordneten und Bürgermeistern der CDU erregten immer wieder Empörung, aber kaum einer dieser Männer mußte auch nur sein Amt niederlegen: Kavaliersdelikt, wie eh und je ...

Zur Ablenkung von sozialen Spannungen allerdings eignen sich die Juden in der Bundesrepublik nicht mehr ausreichend; es sind zu wenige geworden nach 1933. So wird der Rassismus ausgedehnt auf weitere Gruppen von „Andersartigen", auf Türken, Asylanten, Gastarbeiter. Wieder, wie bis 1933, kann man sagen, daß diese Haßkampagne nur das Werk einer Minderheit ist. Aber Brandstiftungen, Gewaltakte bis zum Totschlag, Verbreitung von Hetzparolen – all das geht unter stillschweigender Duldung, wenn nicht sogar unter dem Schutz von Behörden, Gerichten und Polizei vor sich.

Die Spuren schrecken. Nach den Synagogen brannten die Städte in Deutschland. Wir sind gewarnt: der Antisemitismus, der Rassenhaß jeder Couleur muß auf den aktiven, energischen Widerstand aller Demokraten stoßen und bekämpft werden. Das ist ebensowenig eine „Judenfrage" wie 1938. Wehret den Anfängen!

**Valentin Senger**

# Der 9. November 1938

„Oj wej, wird das Zores geben!“ sagte Mama, als die Nachricht über den Rundfunk kam, ein gewisser Grienspan habe in Paris den deutschen Gesandtschaftssekretär von Rath erschossen. Der Getötete stammte aus einer alten Frankfurter Familie. Mama nahm die Hände an die Backen und bekam ganz große ängstliche Augen. „Auf so etwas haben die ja nur gewartet.“ Nach einer Weile fuhr sie, jedes Wort betonend, fort: „Alles, was wir bisher von den Hitlers erlebt haben, wird ein Dreck sein gegen das, was jetzt kommt.“

Mama hatte wie immer recht. Als ich am anderen Morgen auf dem Weg zu meiner Arbeitsstelle in Sachsenhausen war, holte mich auf dem Eisernen Steg eine junge Sekretärin ein. „Haben Sie schon gehört, die Synagoge am Börneplatz brennt, und im Sandweg schlagen sie die Schaufenster von jüdischen Geschäften ein und werfen alles auf die Straße.“

Wir kamen ins Büro. Dort war bereits eine große Aufregung, alle redeten durcheinander, jeder wußte etwas anderes. Nicht nur die Neue Synagoge am Börneplatz brenne, sondern alle Synagogen ständen in Flammen, im gesamten Ostend und auch im Nordend würden Juden aus ihren Wohnungen getrieben und alle jüdischen Geschäfte demoliert.

Ich wartete darauf, daß der Hitlerjunge käme, der im Konstruktionsbüro vor mir am Zeichenbrett stand. Er war im letzten Lehrjahr und zwei Jahre älter als ich. Häufig kam er in seiner HJ-Uniform zur Arbeit. Als Zeichen seiner Scharführerwürde hing ihm eine geflochtene Schnur von der Achselklappe in einem Bogen bis zum mittleren Hemdenknopf. Er wußte immer zuerst Bescheid, wenn wieder einmal Aktionen gegen die jüdische Bevölkerung unternommen wurden.

So erregt ich auch war, ich durfte mich nicht verdächtig machen, nicht mehr Neugierde zeigen als die anderen. Aber ich hielt es nicht mehr aus, zog meine Jacke an und rannte los zum Börneplatz. Von weitem schon sah ich in Richtung der Synagoge eine große Rauchwolke am Himmel.

Und dann stand ich in der Menschenmenge auf dem Platz und sah die Flammen, die aus dem großen Kuppelbau des Gotteshauses schlugen. Etwa hundert Meter von der brennenden Synagoge entfernt bildeten SA-Leute und Hilfspolizisten einen Kordon, so daß niemand näher an die Brandstelle herankonnte. Ganz vorne, noch vor der Absperrung, stand eine Gruppe Hitlerjungen, feixte und lachte und machte eine Gaudi aus dem schrecklichen Geschehen.

Die Menschen hinter der Absperrung waren eher betreten, ich hörte kein Wort der Zustimmung. Neben mir erzählte eine Frau, sie habe gesehen, wie man am Zoologischen Garten Juden mit Lastwagen abtransportiert habe. Ein Mann sagte, er komme gerade von der Friedberger Anlage, die dortige Synagoge brenne ebenfalls und auch die Alte Synagoge an der Allerheiligenstraße.

Neben dem wie eine Pechfackel lodernden Rundbau standen zwei Feuerwehrwagen, einer mit einer großen Leiter, die aber nicht ausgefahren war, und ein Gerätewagen. Mit Löschschläuchen in den Händen standen einige Feuerwehrleute herum, aber sie bekämpften nicht den Brand, sondern löschten nur die auf die Straßen stürzenden Balken. Sie hatten offensichtlich Anweisung, die Synagoge ausbrennen zu lassen und nur das Übergreifen des Feuers auf die Häuser in der Nachbarschaft zu verhindern.

Ich weiß nicht mehr, wie lange ich da stand und in die Flammen starrte. Ein Gefühl überwältigte mich, wie ich es bisher nicht gekannt hatte: auch ich war einer von denen, die da gequält und geschunden wurden. Noch nie war es mir so deutlich ins Bewußtsein gedrungen, daß ich zu ihnen gehörte. Es waren meine Brüder und Schwestern, denen man die Scheiben zertrümmerte, die Wohnungen demolierte, die Geschäfte zerschlug, die Gotteshäuser zerstörte, die Thorarollen schändete, und denen man Schlimmes an Leib und Leben antat. Ihr Schicksal war mein Schicksal, auch ich war einer aus dem auserwählten Volk, gewiß keiner der tapfersten und edelsten, keiner der bekenntnisfreudigsten – aber aus der Tatsache selbst konnte ich mich nicht herauslügen. Ich wollte es auch nicht in diesem Augenblick.

Ich empfand keinen Haß auf die neugierig glotzende Menschenmenge um mich herum, obwohl ich wußte, daß bei den meisten von ihnen die brennende Synagoge keine Erschütterung auslöste. Es war für sie ein Schauspiel, bei dem man für kurze Zeit eine Gänsehaut bekam. Ich war unendlich traurig und dachte, jetzt müßte jemand laut das Sch'ma Jisrael[1] beten als letztes Bekenntnis vor dem Untergang. Und plötzlich hörte ich ganz deutlich die Stimme Papas. Er sang das alte, bittere, jiddisch-revolutionäre Lied, das er hin und wieder zu Hause sang, allein oder auch zusammen mit Mama, und das ich bis auf den heutigen Tag nicht mehr singen hörte, es scheint, daß es verschollen ist:

Hulet, hulet, bejse Windn,[2]
jetz is aier Zait,
lang wet doieren der Winter,
Summer is noch wait.

Raisst die Loden fun die Fenster,
Schaiben brecht arois,
brennt a Lichtl ergets Finster,
lescht mit Zorn es ois.

Jogt de Vejgl fun de Welder,
wait vertraibt sej fort,
die wos kennen nit mehr fliehen,
tot sain oif dem Ort.

Ich sah nichts als die Flammen und den Rauch, obwohl viele hundert neugierige Menschen um mich herumstanden, und in meinen Ohren klang, als stünde er dicht neben mir, Papas leise, traurige Stimme: „Hulet, hulet, bejse Windn." Ich hätte mich nur umdrehen müssen, um ihn zu sehen, so nahe war er mir. Und in meinem Kopf zitterte der Refrain mit: „Lang wet doieren der Winter, Summer is noch wait." Ich weinte, die Tränen rannen mir die Backen hinunter, und es war mir gleichgültig, ob mich jemand beobachtete.

Langsam ging ich zurück ins Büro. Niemand fragte mich, wo ich gewesen war. Eine halbe Stunde später kam der Hitlerjunge. Sein Gesicht und seine Hände waren verdreckt.

„Was gibt's Neues?" wurde er gefragt.

„Was es Neues gibt? Ihr wißt hoffentlich schon alles", antwortete er.

Aber dann erzählte er doch von seinem Einsatz. Bereits am Abend hatte ihn sein Gefolgschaftsführer vorgewarnt, daß in der Nacht etwas fällig sei, er solle sich für einen Einsatz bereithalten. Um drei Uhr in der Frühe holte man ihn aus dem Bett, und eine halbe Stunde später war er an dem Treffpunkt im Nordend. Die Hitlerjungen wurden hier in mehrere Gruppen eingeteilt, dann zogen sie in Richtung Innenstadt los. In den ihnen zugewiesenen Straßenzügen hatten sie systematisch die Schaufenster der jüdischen Geschäfte eingeschlagen und die Einrichtungen demoliert; danach drangen sie in Wohnungen von Juden ein, trieben sie auf die Straße, zerschlugen auch hier die Fensterscheiben und warfen anschließend das Mobiliar durch die Fenster auf die Straße.

Die Straßen waren übersät mit Glasscherben, was dem Pogrom dann den Namen „Kristallnacht" gegeben hat. Draußen wurden die aus den Wohnungen hinausgejagten Menschen von der SA in Empfang genommen und abgeführt.

Der Hitlerjunge schloß seinen Bericht mit der Bemerkung: „Einem haben wir den Bart und die Pajes[3] gestutzt. Der sah hinterher wie eine Runkelrübe aus. Der war vielleicht komisch. Und geglotzt hat er wie ein Frosch."

Ein älterer Kollege fragte: „Prügel haben die Juden auch bekommen?"

„Was wollen Sie damit sagen?" fragte der Scharführer.

„Gar nichts. Man hört so allerhand."

„Sie haben wohl noch Mitleid mit denen?"

Der Kollege schwieg. Beleidigt und sozusagen mißverstanden zog sich der Hitlerjunge zurück. Später stellte er sich zu mir ans Zeichenbrett, um noch mehr von seinen Heldentaten zu berichten. Sein HJ-Trupp war zur Synagoge in der Friedberger Anlage abkommandiert worden. Gegenüber der Synagoge am Anlagenring stand bereits ein Auto, das mehrere Benzinkanister geladen hatte. Der Brandanschlag war also gründlich vorbereitet. Durch das Hauptportal und die zertrümmerten Fenster gossen sie das Benzin in das Gebäude und zündeten es mit Hilfe getränkter Putzwollappen an. Noch zweimal mußten sie Benzin nachschütten und von neuem anzünden, bis die Synagoge endlich in Flammen stand. Ich saß an meinem Zeichentisch und versuchte, gleichgültig auszusehen. Doch meinem Arbeitskollegen mußte etwas an mir aufgefallen sein. Er unterbrach seine Erzählung und fragte: „Interessiert dich das nicht?"

„Ehrlich gesagt: Nein."

„Magst du die Juden?"

Was sollte ich darauf antworten? Zwar fiel mir das Lügen nicht schwer, ich hatte es, solange ich mich erinnern kann, geübt. Aber jetzt konnte ich nicht anders. Ich sagte: „Ob ich die Juden mag oder nicht, ist schließlich egal. Du kannst dir deine Geschichten sparen. Was heute nacht mit den Juden geschehen ist, das halte ich für ein Unrecht, das ist einfach unchristlich."

Der HJ-Führer war auf diese Antwort nicht gefaßt. Er starrte mich eine Zeitlang an, dann zischte er: „Du bist mir ja ein feiner Volksgenosse!“

„Laß mich in Ruhe.“ Ich drehte mich zu meinem Zeichenbrett um.

Doch er ließ mich nicht in Ruhe. „Mach nur, ich bin neugierig, was du sonst noch auf Lager hast.“

Jetzt merkte ich, daß ich zu weit gegangen war.

„Daß du Bescheid weißt“, sagte er förmlich, „das werde ich weitermelden, dazu bin ich verpflichtet.“

Am Nachmittag rief mich der Chef, Herr Bernhardt, zu sich ins Büro. Bei ihm saß der HJ-Führer.

„Stimmt es, Herr Senger, daß sie über die heutigen Ereignisse diese Äußerungen getan haben?“ fragte mich der Chef.

„Ich habe nur gesagt –“

Heftig unterbrach er mich: „Was Sie ‚nur‘ gesagt haben, weiß ich bereits. Ich dulde in meinem Betrieb keinerlei politische Stänkereien, die gegen den Staat oder die Partei gerichtet sind. Merken Sie sich das. Hiermit erteile ich Ihnen einen Verweis! Haben Sie noch etwas zu sagen? Nein? Dann können Sie gehen.“

Es hätte bei Gott schlimmer kommen können. Ich hoffte nur, der Hitlerjunge würde es dabei belassen, mich beim Chef angeschwärzt zu haben. Es beruhigte mich etwas, daß er auch am Nachmittag im Büro blieb. So konnte er, wenigstens an diesem Tag, keine Parteistelle informieren. Eine halbe Stunde später rief mich Herr Bernhardt wieder zu sich. Diesmal war er allein. „Setzen Sie sich.“ Seine Stimme klang anders als vorher, freundlicher. „Ich hoffe, Sie haben kapiert, was für eine große Eselei Sie gemacht haben. Ist Ihnen denn klar, in welcher Zeit wir leben? Da kann man doch nicht einfach so daherreden! Ich habe mich entschlossen, Sie zu versetzen. Sind Sie damit einverstanden, daß ich Sie ins Hauptwerk in den Riederwald schicke?“

„Wenn es sein muß.“ Eigentlich war es mir recht so, denn es war schon eine starke Belastung, den HJ-Scharführer den ganzen Tag am Zeichenbrett vor dem meinen stehen zu haben und zu wissen, daß er jede Gelegenheit wahrnehmen würde, mich erneut zu denunzieren, das nächste Mal vielleicht bei der Partei. Und dann war ich wirklich dran.

„Ihr Arbeitskollege wird keine Ruhe geben“, fuhr Herr Bernhardt fort. „Ich halte es für das Beste, wenn Sie in den Riederwald gehen.“ Er stand auf, was bedeutete, daß die Unterredung beendet war. Und da sagte er noch einen Satz, den ich von ihm nicht erwartet hätte, denn er gab sich immer sehr verbunden mit dem Hitlerstaat: „Zu dem, was heute in Frankfurt passiert ist, kann man seine eigene Meinung haben, aber die behält man für sich. Das war's, was ich Ihnen sagen wollte. Gehen Sie jetzt an Ihre Arbeit."

Herr Bernhardt hat während der ganzen Hitlerzeit immer „seine Pflicht getan", war ein verläßlicher Werksführer und hat bis zum bitteren Ende ausgehalten. Der HJ-Führer ging als Freiwilliger in den Krieg und fiel 1943 im Kessel von Stalingrad.

Der Schreckenstag war noch nicht zu Ende. Am späten Abend kam Erika Hirschmann, die Schwester des Arztes Sely Hirschmann, die in der israelitischen Gemeinde[4] als Sekretärin arbeitete, mit einer schlimmen Nachricht zu uns in die Kaiserhofstraße. Das Haus der Jüdischen Wohlfahrtspflege in der Königswarter Straße war von SA-Leuten besetzt worden. Sie hatten sämtliche Räume durchwühlt, Vorstand und Geschäftsführung verhaftet und unter anderem eine Kartei mit den Namen aller gegenwärtig und ehemals betreuten Personen mitgenommen. Wer diese Kartei überprüfte, mußte auf unseren Namen stoßen. Am gleichen Tage waren auch die gesamten Unterlagen der Israelitischen Gemeinde in der Fahrgasse einschließlich der Mitgliederkatei beschlagnahmt worden. Dort war unser Name ebenfalls zu finden, auch wenn unser Austritt aus der Gemeinde schon Jahre zurücklag.

Als wir später im Familienkreis überdachten, was diese Nachricht für uns bedeutete, waren wir uns darüber einig, daß unser Versteckspiel jetzt ein Ende hatte. Wir befürchteten nur, Polizeimeister Kaspar würde Schwierigkeiten bekommen, wenn man die Einwohnerkartei im Polizeirevier Hochstraße überprüfte und feststellte, daß auf unserer Karteikarte die Religionszugehörigkeit verändert worden war.

Daß wir einmal am Ende dieser Gasse ankommen mußten, war uns längst klar. Aber die Ungewißheit darüber, wann das sein würde, war zu einer kaum mehr erträglichen Belastung geworden. Und so warteten wir ruhig und fast gelassen darauf, daß man uns holen würde, warteten zwei, drei, vier Tage. Mama bekam wieder ihre Herzattacken und ich meine Magenkrämpfe. Wir warteten Wochen und Monate. Aber nichts geschah.

## Anmerkungen

[1] Sch'ma Jsrael: „Höre, Israel!", die ersten Worte des Glaubensbekenntnisses der Juden vom einzigen Gott.

[2] Stürmet, stürmet, böse Winde,
jetzt ist eure Zeit,
lang wird dieser Winter dauern,
Sommer ist noch weit.

Reißt die Läden von den Fenstern,
Scheiben brecht heraus,
brennt ein Licht noch wo im Dunkeln,
löscht mit Zorn es aus.

Jagt die Vögel aus den Wäldern, weit vertreibt sie fort,
denn die nicht mehr fliehen können,
bleiben tot am Ort.

[3] Schläfenlocken bei frommen Juden

[4] Bis November 1938 gab es in Frankfurt die „Israelitische Religionsgemeinschaft" und die außerkirchliche „Israelitische Gemeinde". Auf Anordnung der Gestapo wurden dann beide zur „Jüdischen Gemeinde" zusammengelegt. Heute gibt es ebenfalls nur noch die „Jüdische Gemeinde".

Aus: Valentin Senger, *Kaiserhofstr. 12,* Luchterhand Verlag, Darmstadt, S. 111 – 119

**Valentin Senger**

# Der 9. November 1946

Ich unterschied nicht zwischen den Opfern des Faschismus. Es war für mich ohne Belang, ob sie Russen oder Polen, Kommunisten oder Juden, ob sie wegen ihrer politischen Betätigung oder ihrer rassischen Zugehörigkeit ermordet worden waren. Bis zu der Begebenheit am alten jüdischen Friedhof in der Rat-Beil-Straße am 9. November 1946 in Frankfurt a. M.. Irgend jemand hatte mich dorthin mitgenommen, wo sich in der offenen Vorhalle hinter dem Hauptportal einige Dutzend Juden an einem Gedenkstein für die jüdischen Opfer des Faschismus versammelt hatten, meist Angehörige der amerikanischen Besatzungsmacht. Am Jahrestag der Pogromnacht des Jahres 1938 gedachten sie der durch die Nazis Ermordeten und beteten für sie.

In den Monaten nach dem Zusammenbruch des Hitlerreichs hatte ich an einer Reihe von Trauer- und Gedenkveranstaltungen für die Opfer des Faschismus teilgenommen. Viele Freunde und Bekannte meiner Eltern waren ermordet worden. Nie zuvor hatte mich eine Trauerfeier so erschüttert wie die am alten jüdischen Friedhof. Nachdem die an dem Stein aufgestellten Kerzen entzündet und der Kaddisch, das Totengebet, gesprochen waren, sang ein jüdischer Kantor das Klagelied El mole Rachamim – Gott voller Barmherzigkeit.

Ich war und bin auch heute kein gläubiger Jude. Den Inhalt des frommen Klageliedes kannte ich nicht. Und dennoch wühlte mich die auf- und abschwellende Melodie zutiefst auf. Es war ein Jammern und Schluchzen, Klage und verzweifelter Aufschrei zugleich. Als dann, eingefügt in das gesungene Gebet, der Kantor die Namen der Vernichtungslager nannte, Auschwitz, Treblinka, Maidanek und alle anderen, wollte es mir das Herz zerreißen. Hier an dieser Stelle, da ich mich jener Augenblicke rückerinnere, glaube ich, diese abgegriffene Redewendung gebrauchen zu dürfen: das Herz wollte es mir zerreißen. Ich finde keine passendere Beschreibung des Zustands, in den mich das El mole Rachamim versetzt hatte. Weinend schlich ich mich davon.

Auf dem Nachhauseweg wurde mir erstmals klar, welch ein grundlegender Unterschied bestand zwischen dem Opfer, das die gegen das Hitlerregime kämpfenden Antifaschisten gebracht hatten, und dem Blutzoll, den die Juden entrichten mußten. Die einen hatten sich gegen die Nazi-Diktatur gewehrt, sie bekämpft und dabei das Risiko der Repressalie bewußt auf sich genommen. Den anderen dagegen, den jüdischen Menschen, war nur ihre Abstammung, nicht einmal ihr Glaube, lediglich ihre Abstammung zum Verhängnis geworden. Wie sie sich auch verhielten, ob sie, wie einige wenige Juden in politischen Gruppierungen, den Nazis Widerstand leisteten, oder, wie die meisten, sich in ihre Wohnungen verkrochen und zitternd und betend das Unheil auf sich zukommen ließen, oder ob sie gar, was auch geschehen ist, die Faschisten ihrer Loyalität versicherten, sie wurden vernichtet, alle, vom Säugling bis zum Greis, ohne Ausnahme, ohne Erbarmen.

Das war es wohl, was das El mole Rachamim in mir ausgelöst hatte, die quälende Empfindung, in welch einer verzweifelten Ohnmacht die Juden zu Tode kamen. Und ich gehörte zu ihnen. Es waren meine ermordeten Brüder und Schwestern, denen der Klagegesang galt und für die der Kaddisch gebetet worden war. Das ganze unfaßbare Leid der Opfer hatte sich in den alles durchdringenden Klagelauten zusammengeballt. Sie waren für mich mitgestorben. Genauer noch: ich hatte sie für mich mitsterben lassen. Dieser Gedanke bohrte sich in mich und machte mir ein schlechtes Gewissen, daß ich am Ende des Faschismus noch lebte, trotz allem, was auch in unserer Stadt, in unserer Straße und unserem Haus geschehen war. Lebte, nicht weil ich ein so guter frommer Jude war, der Gottes und seiner Propheten Schutz würdig gewesen wäre, sondern im Gegenteil nur darum noch lebte, weil ich mich so weit von jenem Gott entfernt hatte, und – zugegeben – auch dank Mamas Tarnungsbemühungen, aus dem Strom der zum Tode Verurteilten ans rettende Ufer geschleudert und dort von den Nazischergen übersehen worden war. Mit welchem Recht lebte ich noch? Mit welchem Anspruch? Ein wahnwitziger Gedanke. Und doch nicht abwegig.

Sicherlich auch zum ersten Mal stellte ich mir die Frage, wo ich herkomme und wo ich hingehöre. Ich war Kommunist und fest verbunden mit der Kommunistischen Partei. Ich gehörte also zu ihr. Aber ich war auch Jude und hatte viele Jahre wegen meiner Herkunft in Todesangst vor den Häschern der Gestapo gelebt. Wie sollte ich da mein Judentum vergessen können? Und obwohl sich das für Kommunisten nicht schickte, war ich sogar ein wenig stolz darauf, Jude zu sein. Ich konnte mir keine Rechenschaft darüber geben, aus welcher Quelle ich diesen Stolz speiste, aber es war so. In dieser Stunde, auf dem Nachhauseweg vom jüdischen Friedhof und mit dem in mir nachhallenden Gesang, fühlte ich stark, daß ich zum Volk Israel gehörte, Teil dieser über Jahrtausende verfolgten und gequälten Menschen, daß ich Jude bin. Das und nichts anderes fühlte ich.

Ernst Loewy

# Überleben in Palästina 1936 – 1939

## Auswirkungen der Reichspogromnacht*

Daß meine Eltern so weitsichtig waren, sich von ihrem einzigen Sohn zu trennen und mich 1936 mit der sogenannten Jugend-Alijah nach Palästina zu schicken, rechne ich ihnen hoch an. Es rettete mir das Leben. Die innere Verselbständigung, das intellektuelle Erwachen setzte dann sehr plötzlich und unvermittelt ein, und zwar in einer Umwelt, auf die ich kaum vorbereitet war. Palästina: Das war für mich während der ersten zwei Jahre ein Kibbuz in der Nähe von Jerusalem. Unsere Gruppe lebte dort – noch auf Kosten der Eltern – in einer Art von Internat, in dem wir vier Stunden am Tage zu arbeiten hatten und weitere vier Stunden mit Lernen verbrachten. Der Unterricht sollte uns mit der Sprache, der Geographie und der Geschichte des Landes vertraut machen.

Politisch stand der Kibbuz Kirjath Anavim voll auf dem Boden der herrschenden, d.h. rechten Sozialdemokratie (Mapai), sein geistiges Klima war bieder. Revolutionäre und internationalistische Vorstellungen, wie die linksorientierten marxistischen Kibbuzim des Haschomer Hazair sie pflegten, waren ihm fremd. Sozialistisch war er dennoch in *dem* Sinne, daß sich hier – wie in den Kibbuzim aller Richtungen – eine neue Lebensform etabliert hatte, die auf Solidarität und nicht auf persönlichem Gewinn basierte und die insbesondere den Neuankömmling aus bürgerlichem Haus tief beeindrucken mußte. Für mich selber sah ich allerdings schon aus beruflichen Gründen in der von der Landwirtschaft lebenden Kommune keine Zukunft.

---

* Erweiterte Fassung eines Beitrages unter dem Titel: „Jude, Israeli, Deutscher – Mit dem Widerspruch leben“, in: *Exilforschung – Ein internationales Jahrbuch*, Band 4, 1986

Wichtig für meine Entwicklung war allerdings die Begegnung mit einigen in die gleiche Siedlung verschlagenen Intellektuellen. Erwähnen will ich Dr. Conrad Rosenstein (1910 bis 1977), Zahnarzt und Schriftsteller aus Berlin, ein Mann von hoher Bildung und der erste Schriftsteller, den ich persönlich kennenlernte. Er war nach eben abgeschlossenem Studium, ein Köfferchen mit Instrumenten in der Hand, in diese Siedlung gekommen, wo er bis ans Ende seines Lebens blieb. Rosenstein hatte eine Anzahl von Romanen, Erzählungen und Gedichten verfaßt, jedoch nur weniges davon, zumeist in hektographierter Form und auf eigene Kosten, veröffentlichen können. [...] Rosenstein beeindruckte mich allerdings nicht nur durch sein bemühtes Künstlertum, sondern auch als Interpret Brechtscher Lyrik, vor allem aber durch seine intime Kenntnis des Werkes Thomas Manns, in dessen Bann ich durch ihn geriet. Auch mein letztes Wiedersehen mit ihm, wir hatten uns mehr als zwanzig Jahre nicht gesehen, stand im Zeichen Thomas Manns, während der Gedenkfeiern zu dessen 100. Geburtstag in Zürich 1975.

Unmittelbar nach dem Novemberpogrom flüchteten meine Eltern aus Deutschland. Mit je einem Handkoffer und zwanzig Reichsmark in der Tasche kamen sie nach Palästina. Aus dem Knaben, den sie zwei Jahre vorher in die Fremde geschickt hatten, war inzwischen ein junger Mann geworden, zwar noch ohne Verdienst, jedoch mit einer Menge Bildungssplittern sowie sozialistischen Vorstellungen im Kopf. Auch hatte er sich von dem angestammten Glauben gelöst, der ihm nichts mehr bedeutete. All das war Ausdruck eines eigenen emanzipatorischen Selbstverständnisses. Ich war über die Maßen enttäuscht, als meine Eltern die Wandlung nicht zur Kenntnis nehmen wollten.

Von einem Studium, meinem größten Wunsch, konnte ich nur träumen. Ich hatte kein Abitur, nicht einmal die Mittlere Reife. Meine Hebräisch-Kenntnisse waren gering. Vor allem aber hätte ich dafür Geld gebraucht, viel Geld; dabei mußte ich froh sein, daß ich – bald zusammen mit meinen Eltern oder sie mit mir – überhaupt über die Runden kam.

Ich hatte ein halbes Jahr zuvor, im Frühjahr 1938, eine Lehrstelle in einer deutschsprachigen Buchhandlung in Tel-Aviv angetreten im Glauben, auf diese Weise meinen Interessen noch am ehesten nachkommen zu können. Diese Tätigkeit indessen trug mir herbe Enttäuschungen ein, ich glaube, bereits am ersten Tag. Eine Kundin wünschte das neueste Werk von Thomas Mann (es muß *Joseph in Ägypten* gewesen sein), es war nicht vorhanden. Mein Chef verlangte von mir, ich möge der Dame stattdessen einen jüngst erschienenen Unterhaltungsroman empfehlen. Ich war fassungslos. Auch der Buchhandel, erkannte ich, war Kommerz – wie das meiste, das um mich herum geschah. Der Kibbuz hatte mich gegen Besitzstreben und Konkurrenzdenken immun gemacht. Ja, ich war verwundert, daß es dergleichen in diesem „Pionierland" noch gab. Mit Verachtung reagierte ich auf die vermeintlichen Relikte einer bürgerlichen Welt, die in Wahrheit eher Ausdruck eines noch frühen, relativ unentwickelten Kapitalismus waren.

Erst nach der „Kristallnacht" stellten sich in Palästina Verhältnisse her, die mir in der Rückschau die verbrachte Zeit im Kibbuz als ein Leben in paradiesischer Unschuld erscheinen lassen. Denn mit dem Flüchtlingsstrom, der jetzt einsetzte und – wie auch meine Eltern – Tausende von Menschen ohne jegliche Mittel nach Palästina schwemmte, hatte die Not nun auch auf mein Leben übergegriffen. Die Zahlungen aus Deutschland waren eingestellt. Stattdessen hätte ich von meinem knappen Lehrgeld jetzt auch meine Eltern miternähren müssen, was völlig unmöglich war.

Nie werde ich die Eindrücke vergessen, die auf mich als angehenden Buchhändler die vielen Flüchtlinge machten, die in dieser Zeit die von ihnen mitgebrachten Bücher zu verkaufen suchten. Sie hatten buchstäblich ihre ganze Habe zurücklassen müssen, außer einem oder zwei Koffern mit oft kostbaren Büchern, ihrem letzten Besitz und den vermeintlich einzigen Wertobjekten, die sie hatten retten können. Von ihrem Erlös versprachen sie sich Wunder, in Wirklichkeit wurden sie meist schamlos ausgebeutet.

Da Bücher natürlich teuer waren und die deutschsprachige Leserschaft zwar durch den Flüchtlingsstrom anwuchs, ihre Zahlungsfähigkeit sich aber verminderte, hatten die deutschsprachigen Buchhandlungen sich Leihbüchereien angegliedert, in denen die begehrten Werke aus den Exilverlagen in Holland und Frankreich, der Schweiz und der Sowjetunion entliehen werden konnten. Da die Flüchtlinge – „Neueinwanderer" wäre ein beschönigender Begriff – zunächst meist keine Arbeit hatten, gehörten sie zu den eifrigsten Benutzern der Bibliothek. Daß sie des Hebräischen nicht mächtig waren, kennzeichnete sie wie die meisten der bereits früher aus Deutschland gekommenen Juden. Viele Kunden kamen jeden oder jeden zweiten

Tag, um ein neues Buch auszuleihen. An einen entsinne ich mich genau: Er holte sich fast täglich zwei Bücher. Eines Tages blieb er zu unserer Verwunderung weg. Kurze Zeit danach erfuhr ich, daß er sich das Leben genommen hatte.

Die Bibliotheken, von denen ich spreche, hatten nach meiner heutigen Schätzung einen Bestand von sicherlich nicht mehr als tausend Bänden, zu denen neben der Exilliteratur zunächst auch noch Bücher aus der reichsdeutschen Produktion zählten, vor allem Übersetzungen aus dem Englischen und Amerikanischen. Die Bücher der Exilverlage, literarische Werke etwa von Thomas Mann oder Franz Werfel, aber auch von Erich Maria Remarque und Vicky Baum, insbesondere auch die politischen Werke von Konrad Heiden oder Rudolf Olden erfreuten sich eines großen Interesses. Sie waren bald zerlesen und zerfleddert. Kein Werk aber wurde soviel gelesen wie das fragwürdige Buch des ehemaligen nazistischen Danziger Senatspräsidenten Hermann Rauschning *Die Revolution des Nihilismus*.

Auch Autoren, die infolge der Ereignisse in Deutschland, Österreich und der Tschechoslowakei 1938 und 1939 in das damalige Palästina kamen, lernte ich durch meine buchhändlerische Tätigkeit in Tel-Aviv kennen. So erinnere ich mich – wenn auch nur flüchtig – an Max Brod, Leo Perutz und Max Zweig. Wenn ich mich nicht täusche, gehörte Leo Perutz zu den eifrigsten Benutzern der Leihbücherei. In der Weimarer Zeit ein bekannter Autor, ist er in Palästina/Israel öffentlich nicht hervorgetreten. Der einst populäre Romancier, 1957 in Bad Ischl gestorben, wurde erst in den letzten Jahren in der Bundesrepublik neu entdeckt.

Um ein paar Pfund zu verdienen, ging meine Mutter putzen, und mein Vater begann, mit Eiern zu hausieren. Wir hatten zufällig Bekannte auf dem Lande, bei denen mein Vater die Eier frühmorgens abholte und erst am folgenden Tag bezahlen mußte. Bald stieg er auf den Verkauf von Seife um, was weniger beschwerlich war. Ich hatte inzwischen den Arbeitsplatz gewechselt und war Angestellter der Firma „Kedem“ geworden (Buchhandlung und Verlag, vormals Berlin). Herr Bronstein, der Besitzer, war gebürtiger Russe. Er hatte nicht nur Trotzkis ursprünglichen Namen, sondern er sah auch wie dieser aus. Man munkelte, daß die beiden miteinander verwandt seien. Bronstein hatte die vorzügliche Idee, für seine Leihbücherei einen Katalog herstellen zu lassen, der ihn nichts kosten, vielmehr durch Inserate finanziert werden sollte. Mein Vater, der vorübergehend einmal Buchhändler gewesen war, sollte den Katalog für ihn machen. Es war eine vergleichsweise befriedigende Tätigkeit, die ihn der Pein enthob, treppauf-treppab zu laufen und an Privatwohnungen anzuklopfen.

Die neue Tätigkeit meines Vaters veränderte unser Leben. Zu dem ersten Auftrag kamen Druckaufträge von anderer Seite, es wurde daraus freilich nur eine mehr als bescheidene „Existenz". Arm wie wir waren, konnten wir uns nur eine halbe Wohnung leisten. Wir teilten die drei kleinen Zimmer mit einer Witwe und ihrem Sohn, gleichfalls Flüchtlinge aus Deutschland. Der junge Mann war Nachtchauffeur. Wenn ich abends nach Hause kam, ging er arbeiten, desgleichen am Sabbath. Ich sah ihn so gut wie nie. Wir hatten zusammen das kleinste Zimmer. Wir konnten es nur mit dem Dürftigsten möblieren, nein, nicht einmal mit dem. Es fehlte an einem Schrank, einem Tisch, ja an einem Stuhl. Ich las und schrieb auf der Couch. Da Schreibpapier teuer war, mußte ich mich mit einseitig Bedrucktem (Probeseiten oder Ausschuß von Drucksachen, die mein Vater nach Hause brachte) begnügen. Um die gemeinsame Stromrechnung nicht zu belasten, durfte ich abends ab neun Uhr nur noch eine Petroleumfunzel benutzen, und auch dann klopfte es am späteren Abend oft noch an die Tür. Mein Vater ermahnte mich, mit dem Petroleum sparsam umzugehen.

Im ganzen gesehen, schien mir die Zeit dennoch nicht ohne Hoffnung. Wir waren zunächst gerettet und dankbar dafür. Daß wir einem neuen Weltkrieg entgegengingen, war uns allen bewußt. Aber auch als Hitler seine Truppen marschieren ließ, zweifelten wir keinen Augenblick daran – ich weiß nicht, was uns diese Sicherheit gab – daß das Dritte Reich ihn nicht überleben würde.

Die im Mittleren Osten stationierten britischen Truppen brachten Geld ins Land, das einen gewissen wirtschaftlichen Aufschwung bewirkte. Das sich allmählich wandelnde Kriegsgeschehen schien unseren Prognosen recht zu geben. Mit dem Eintritt der Sowjetunion und der USA in den Krieg zeichnete sich sein Ende ab. An die Daheimgebliebenen aber dachten wir zur gleichen Zeit mit Angst und Schrecken. Je mehr die Nachrichten aus dem Osten sich verdichteten, das Ausmaß des Massenmordes an der europäischen Judenheit sichtbar wurde, desto geringer wurde die Hoffnung, die Zurückgebliebenen wiederzusehen.

# Nachkommen jüdischer Überlebender

Irene Runge

# Mein November 1938

## Gedanken einer Nachgeborenen

Im November 1938 war ich noch nicht geboren. Im November 1938 muß meine Familie noch in Paris gelebt haben, jedenfalls diejenigen, die rechtzeitig aus Deutschland herausgekommen sind. Im November 1938 haben sie gewußt, was ihnen in Europa bevorstand. Sie hatten schon vor diesem Monat überlegt, wie sie Europa verlassen könnten. Mit mir hat später niemand über diese Details sprechen wollen. Was ich weiß, ist, daß meine Eltern, meine Großmutter, einige Tanten und Onkel sowie meine zwei Cousins von Europa nach Amerika gelangten. Als ich dort geboren wurde, lebten sie schon einige Jahre in New York.

An einem unerträglich heißen Tag im Sommer 1987 sprach ich mit einem Historiker über mein Problem, mit dem Ungleichgewicht von Wissen und Gefühl über jene Zeit umzugehen. Ich beklagte mich, daß nicht die Geschichtswissenschaft, sondern die Belletristik den Widerspruch öffentlich mache, daß mir eine Symbiose beider fehle. Dieses Gespräch war zugleich der Beginn eines Neuen über die Möglichkeiten und Grenzen des Schreibens.

Wir entwarfen großartige Ideen für Bücher, die aus einer solchen Übereinkunft heraus entstehen könnten. Wir dachten ungleichzeitig an jenes Ereignis, für das im folgenden Jahr mehr als nur publizistisches Interesse vorhersehbar war. Vielleicht war es auch an uns, darüber zu berichten, was als „Kristallnacht“ in die deutsche Alltagssprache eingegangen ist.

In dieser Phase des Gesprächs spielten plötzlich technische Fragen eine Rolle, beispielsweise die nach einem Verlag. Daß das Vorhaben mein Leben auf Monate verändern und Folgen haben würde, daran dachte ich in diesem Sommer nicht. Weit gewichtiger gab sich die Überlegung, wie unsere unterschiedlichen Arbeitsweisen auf ein gemeinsames Projekt zu richten seien. Ein solches Buch mußte die Erfahrungen zweier Menschen vereinen, die nicht zuletzt ihre eigene

Sprache gefunden haben. Das war die Ausgangslage. Das war die besondere Chance des Unternehmens. Praktisch hieß das, die Position des Historikers, der seit Jahrzehnten zum Thema Judenverfolgung arbeitet, mußte mit meiner eher spontanen, biographisch anders motivierten, den Historiker im Detail nicht überzeugenden, doch in der Hartnäckigkeit des Nachfragens beharrlichen Gier auf Antworten zusammengefügt werden. Was empfindet ein Historiker, wenn er mit Sorgfalt Dokumente aus dieser Zeit sichtet, ordnet, auswählt, auch so die interne Logik der Geschichte gegenwärtig beschreibend? Sein Versuch, Ablauf und Ursachen des tatsächlich Geschehenen zu interpretieren, erfolgt wertend, nicht nur auswertend. Wir sind Teil unserer Forschungen, auch wenn wir uns dagegen verwahren. Läßt sich dieses systematische Vorgehen mit den eher zufälligen Kenntnissen über den November 1938 verbinden, die sich bei mir im Lauf der Zeit angesammelt haben? Mein schmaler Zugang ist der aus Intuition, Gefühlen und Allgemeinwissen. Ich stelle Fragen, die keiner Systematik entstammen, sondern einem Gefühl folgen, zu dem das Mißtrauen gegen die Antworten gehört. Mein Wissen ist ergänzungsbedürftig. Ich beginne von vorn. Der Historiker fährt fort, indem er seinem Fundament neue Bausteine hinzufügt.

Wenn ich der Logik des Historikers folge, vergesse ich kurzzeitig, daß ich mich ihm deutlich machen muß. Wie aber soll ich Gefühle verdeutlichen, deren Quellen in der Kindheit versteckt sind, deren Realität ich nicht in seine Fachsprache übersetzen kann. Mein November 1938 tickt wie eine Zeitbombe. Ich weiß nicht, wann und durch welche Einwirkungen er explodieren wird.

Wir denken in Sprache. Wie wortreich denke ich mir diesen November 1938. Zu seiner Darstellung halte ich seit langem auch eine Anzahl Bilder bereit: Im Schwarzweiß der gerasterten Erinnerungen anderer kann ich reproduzieren, wer die Opfer, wer die Täter sind. Die Klischees meiner ins Grau verschwommenen Geschichtsbetrachtung sind nicht durch Rationalisierung aufzuheben. Es ist unangenehm zu wissen, daß ich meine eigenen Feindbilder nie in Frage gestellt habe. In dieser Hinsicht ist mir jene nüchterne, kalte, immer an den belegbaren Tatsachen der Geschichte orientierte, selbst das noch nicht Beweisbare in die Diskussion integrierende logische Denken des Historikers unerläßlich wichtig und lästig in einem. Sein Respekt gegenüber meinen oft ins Irrationale ausufernden Einwänden hindert mich allerdings nicht daran, respektlos die Nüchternheit der Betrachtung zu diffamieren. Das Thema ist meine existentielle

Bedrohung. Ich debattiere längst nicht mehr Geschichte, sondern die Alternativen meines Lebens. Mit Aussagesätzen verdecke ich Fragen, die ich aus Befangenheit und dem Wissen um meine Belastungsgrenzen nicht stellen will. In diesem Gesamtbild einer Verwirrung scheint es mir zeitweise hoffnungslos, ein brauchbares Muster für meinen Zugang zur „Kristallnacht" zu finden.

In Büchern, die systematisch Erkenntnisse zum Thema sammeln, finde ich Hinweise, die mein Denken allmählich neu strukturieren. Es gibt Bilddokumente aus jenen Tagen. Immer wieder stoße ich auf das Photo der brennenden Synagoge in der Oranienburger Straße in Berlin. Doch das Dokument täuscht. Es bedient meine Vorstellung von den Flammen in jener Novembernacht 1938, aber es dokumentiert die Folgen des weit später erfolgten Bombenangriffs. Andere Photos zeigen erbarmungslos, wie Geschäfte nach der Plünderung aussehen. Sie zeigen das öffentlich Sichtbare. Jüdische Männer fegen Glas zusammen. Woher nehme ich das Wissen, daß diese Männer Juden sind? Eine alte Freundin hat mir erzählt, sie habe die Wohnung an diesem Donnerstag, den 10. November 1938, nicht verlassen. Aber ihr Mann, Nichtjude und Kommunist, ging jüdischen Geschäftsleuten helfen, beispielsweise beim Glasfegen auf der Straße. Ich sehe auf Bildern auch Rücken von Männern und Frauen, die in die Trümmer zu starren scheinen. Wer sind diese Leute? Woran denken sie, auch die, die im Profil festgefroren sind, eilige Passanten auf Tagbildern, die mir als stumme Zeugen der Geschehnisse zur Verfügung stehen.

Ich hatte mir anfangs vorgestellt, daß ich mich mit Teilnehmern der Ereignisse unterhalten würde. Ich hatte unter anderem an einen alten Glasermeister gedacht. So einer muß sich besonders gut an diese Tage erinnern, an die Scherben, an die Auftragslage. Ich glaubte zu wissen, was Juden erlebt hatten. Aber die anderen? Wie waren sie über diese Zeit gekommen, die, die mit dem Rücken zur Kamera standen, die in zertrümmerte Geschäfte, ausgebrannte Synagogen sahen, die am Morgen des 10. November zur Schule und zur Arbeit gingen?

Eine Frau, mit der ich ins Gespräch komme, hat an diesem Morgen ihr Fahrrad geschoben. Es war wegen des Glases, wegen der Glassplitter, die überall herumlagen, sagt sie mir. Sie hatte Angst um die Reifen. Eine arme Frau, es war ihr erstes Fahrrad vom hart verdienten Geld. Über dieser Erinnerung verblassen die anderen. Haben die, die den fünften oder zwanzigsten Stein warfen, Geschichten hinterlassen, die Kindern weitererzählt worden sind?

Ich will herausfinden, woran sich Nichtjuden erinnern.

Aber was ist das für ein ungenauer Begriff! Da gab es die Zuschauer und die, die sich abwendeten. Da waren die Mitmacher und die, die Widerstand leisteten, der auch in Alltagssolidarität bestand. Eine Zeitlang erscheint mir dieser Frageansatz dennoch unverfänglich. Die Technik ist mir vertraut: Fragen, Nachfragen, Rückfragen, Gegenfragen, Querfragen. Aus all dem will ich meine Antworten ableiten, genau sein in der Auswahl, sachlich im Urteil. Natürlich habe ich Vorstellungen von dem, was ich hören werde. Ich versuche, sie zu unterdrücken. Ich will meine Vorurteile auf ein Minimum reduzieren, dennoch erwarte ich, daß sich niemand erinnert, daß Schweigen und Verweigerung meine Antworten sein werden. Wen soll ich fragen? Wie soll ich fragen, ohne mich zu verraten, ohne jenes Gefühl preiszugeben, das sich in unangenehmer Zuspitzung äußert, in bohrender Genauigkeit, Anamnese eines Vergessens betreibend.

Solange ich zurückdenke, hatte ich immer vermieden, mich mit jener Zeit systematisch zu beschäftigen. Doch diese Zeit ist Teil meiner Wirklichkeit, meines Alltags, meiner Gegenwart. Ich könnte nicht sagen, an wievielen Stunden, an wievielen Tagen mit wievielen Menschen, Freunden und Fremden, ich immer wieder mit der Frage nach dem Warum begonnen habe. Und dann gibt es die nicht minder schwierige Frage nach dem Wie der Abläufe. Wie ist es gewesen? Wie fühlte man sich? Wie stellte man sich die Zukunft vor? Wie wäre es gewesen, wenn ... Doch jede Geschichte ist konkret. Sie läßt sich nicht im Konjunktiv erzählen.

Zu meiner Kindheit gehören die langen Berichte vom Überleben der Erwachsenen. Bruchstücke sind mir geblieben. Manchmal denke ich, die Erwachsenen haben mich auf ewig mit ihren Erinnerungen angesteckt. Es ist wie ein Fieber, eine Krankheit. Es ist ein Gebot. Die Erinnerungen müssen von den Kindern auf die Kindeskinder kommen, damit sie nicht verloren gehen.

Zahlen haben keine Namen, keine Gesichter, keine Kindheit. Die Nacht im November ist keine in Quantitäten zu vermittelnde Ereigniskette grausamer Zerstörungen. In dieser Novembernacht muß das Entsetzen vertieft worden sein, vielleicht auch die Ahnung bei den Ahnungslosen, daß dies der sich fortsetzende Anfang des Unbenennbaren sein wird. So denke ich 1987, so denke ich 1988, weil ich heute lebe und nicht von Auschwitz absehen kann.

Die, die damals zusahen und mitmachten, die, die sich verweigerten, die, die den Juden halfen, es sind Väter und Großväter, Mütter und Großmütter, irgendwelche Fremden, Nachbarinnen, Tanten.

Es ist 50 Jahre her. Das Ritual der runden Zahlen zwingt zu fortgesetzten Erklärungen. Die Nachgeborenen gehen unbefangener mit den Erinnerungen um, als es die Zeitzeugen können. Die Erinnerungen der anderen Generation werden im Abstand der Zeit zu geronnenem Wissen, doch die Fakten wollen nicht auf wirkliche Menschen passen. Auch ich habe die Neigung, die Täter zu dämonisieren. So blendet sich für mich der Alltag eines November 1938 über der Bündelung von Aussagesätzen aus, deren Fragwürdigkeit nicht vorexerziert werden muß. Die Tatsachen des November 1938 sind so allmählich zu einer Geschichte geworden, die privat erzählt wird, als habe sie als etwas Unangenehmes neben dem gewöhnlichen Leben stattgefunden, neben den Mühen und der Liebe, dem Kinobesuch und der Erinnerung an eine Hochzeit, ganz in Weiß. Diese Erinnerungsebene verdrängt die unerbittlich nötige, als Schulstoff vermittelte Einsicht, daß das Handeln wie das Unterlassen von Handlungen historische Tatsachen konstituiert, über die später die Nachwelt und in ihr jede nachfolgende Generation für sich aufs Neue Rechenschaft abfordern wird.

Wie also war jener November 1938? Erst jetzt muß ich meine verfestigten Bilder überprüfen. Beispielsweise die Behauptung, daß die Deutschen (wer aber sind die Deutschen?) in diesen Tagen begeistert zugesehen haben, was den Juden geschah. Die Gestapo-Akten sind eindeutig in der Behauptung des Gegenteils: Ein Großteil der städtischen Bevölkerung ist, aus welchen Gründen auch immer, entsetzt oder erschrocken, schweigt aber. Aus diesem emotionalen Nein ist kein öffentlicher Protest geworden, keine Krise der Macht, kein Sand im Getriebe des funktionierenden Systems. Der Verlust von Millionenwerten muß viele geschmerzt haben, die Zerstörung von knappen Gütern in einer Zeit des Mangels. Solche Bilder konnte sich niemand ausdenken, dieses Chaos, diesen Haß, der sich auf die Menschen und Güter entladen hat. Und der Verlust an Menschlichkeit, eingeübt, eingedrillt, eingewöhnt, was ist daraus geworden? Mich läßt die Frage nicht los, wie Menschen mit diesen Erinnerungen leben, wie und wann sie zur Normalität des Selbstverständlichen zurückkehrten. Konnte man danach, so denke ich heute, unbeschadet weitermachen, so, als wäre nichts geschehen? In welcher mentalen Verfassung befand sich wer damals? Was war wie zu erfahren? Beispielsweise die Zeitungen. Was lasen die Interessierten tagaus, tagein über ihre Gegenwart? Dieser Teil Alltag ist abrufbar. Wie war der Alltag der Unpolitischen, der Gleichgültigen, der Alltag der vielen, der seine Vollendung in einem privaten Glück sucht, dessen Legitimation fern von jeder Öffentlichkeit liegt?

Wie alle habe ich gehört, daß die Nazis dem Anlaß zur forcierten Legalisierung der Judenausgrenzung in Deutschland den Namen „Reichskristallnacht" gaben, „Kristallnacht". Das ist zynisch, ist euphemistisch, schönfärberisch gemeint. In den damaligen Zeitungen finde ich das Wort „Kristallnacht" nicht. Von Ereignissen und Aktionen ist die Rede, auch vom „spontanen Volkszorn". Die ich frage, sind unsicher. Sie glauben nicht, daß sie das Wort zeitgleich mit der Tat hörten. Vielleicht war es doch der Volksmund, der die Scherben und das Klirren als „Kristallnacht" zusammenfaßte. Mich hat das Wort „Kristallnacht" von jeher mehr beunruhigt als der klassische Begriff des Pogrom. Pogrome gehören für mich zu den Bauern im zaristischen Rußland, nach Polen und Rumänien. Sie scheinen nicht auf die urbane Situation eines Industriestaates zu passen, auf Deutschland, das Land der großen Kultur. Ich bilde mir ein, das Splittern, das Krachen, das Aufknallen, die dumpfen Schläge und die grellen Flammen im Wortbild „Kristallnacht" wiederzuerkennen. Mit dem Begriff Pogrom verbinde ich keine sinnlichen Erfahrungen.

Am Tag nach dieser Nacht sind die Menschen durch das Glas gegangen, um das Glas herumgegangen. Nicht überall hat es Synagogen, nicht überall hat es jüdische Geschäfte, nicht überall hat es jüdische Kinderheime, Altenheime, Krankenhäuser, nicht überall in Deutschland hat es Juden gegeben.

Ich habe begonnen, mit diesem November 1938 zu leben. Heißt das, ich streite um die Möglichkeiten der Geschichte? Ich gebe ungern meine Vorurteile auf. In jede Lücke kommen neue Fragen. Der Historiker weiß, daß Antworten aus genauem Wissen zu Erklärungen führen, daß die Erklärungen nur ein zeitweises Ende finden. Was war noch möglich damals, im November 1938? Ist es wirklich wahr, daß jüdische Eltern sich beschwerten, weil Kinder, als Deutsche erzogen, von deutschen Schulen verwiesen wurden? Glaubten also auch Juden nach dieser Nacht noch immer an einen Zufall des Unrechts?

Auf den Straßen Berlins begegneten mir alte Männer und Frauen. An manchen Tagen ist es mir, als gäbe es nur alte Menschen. Ich will in ihren Gesichtern, ihren Augen entziffern, was sie wissen, was sie gewußt haben, was zu ihrem Leben gehört. Zu fragen wage ich kaum.

Die Scheu vor der Antwort macht mich hilflos und böse. Es ist leichter, Freunde zu bitten, ihre Verwandten auszufragen. Mich erstaunt nicht, daß sie es für mich tun. Es ist, als hätten sie auf mich gewartet. Alle, das erfahre ich nun, erinnern sich. Auch an das Entsetzen, an die Angst, an die Scham. Habe ich durch Zufall nur diese Erinnerungen angesprochen? Liegt es an der Auswahl derer, die ich bitte, mir zu helfen? Auf dieser privaten Ebene erlebe ich die historische Tatsache neu, die DDR und antifaschistische Tradition heißt.

Die Erinnerungen an jenen feuchten, trüben November 1938 sind dünn geworden, ohne die drückende Bedrohlichkeit der späteren Erfahrungen. Es ist 50 Jahre her. Ein halbes Jahrhundert. Ich hätte vor 30 Jahren mit dem Fragen beginnen müssen, als ich fünfzehn war, so alt wie manche damals im November 1938, deren Geschichten ich jetzt hören will. Sie sollen alles erinnern, den Tag, die Nacht, die Tage danach, ihre Gefühle, was sie dachten, was sie heute denken und wissen. Dieser November 1938 hat aber bei denen, die ich frage und fragen lasse, keine traumatische Wunden hinterlassen. Nur die Juden, die dabei waren, geschlagen, angepöbelt, die in diesen Tagen in die Lager kamen, ins Exil flohen – sie erinnern sich genau, beißend genau. Geblieben sind Gefühle, Mißtrauen, ist das Bild des Glases, der Splitter, der Scherben. Niemand kann Glas kleben. Wie soll ich mit diesem Bruch umgehen?

Ich ändere meine Strategie. Ich gehe in die Bibliothek, in den Raum, wo ich Zeitungen aus jener Zeit lesen kann. Ich will die sinnliche Gewißheit, will anfassen, riechen, was geblieben ist. Die Zeitungen kommen geordnet, in großen schweren Pappen. Auf diese Weise kann ich sie nicht falten. Ich muß Blatt für Blatt wenden. Die Zeitungsfolianten bedecken den ganzen Tisch. Ich muß vor ihnen stehen. Manchmal knie ich auf meinem Stuhl. Nur so kann ich sie physisch bewältigen. Meine psychische Bewältigung ist nicht so einfach zu regeln.

Im trüben, feuchten, grauen November 1987 beginne ich, die Zeitungen vom November 1938 zu lesen. Ich wußte nicht, daß es so viele verschiedene gegeben hat. Ich frage alte Leute, welche sie abonniert hatten. Manchmal sind es die Eltern der Alten gewesen, die die Zeitungen kommen ließen. Oft wurde die Zeitung am Kiosk gekauft, wenn überhaupt. Es muß viele arme Leute gegeben haben damals, im November 1938. Doch auch ihnen ging es besser als vorher, während der großen Arbeitslosigkeit. Davon sprechen alle. Woher wissen Menschen, was in der Welt, was in der Stadt, was im Reich geschieht, wenn sie keine Zeitung lesen. Es gibt zehn Millionen Rundfunkhörer, lese ich in der Zeitung von damals. Heißt das, drei Millionen Haushalte haben ein Radio? Das Radio ist der zeitgenössische Luxus des Volkes, der „Volksempfänger". Millionen können dabei sein, wenn der Führer spricht, wenn gesungen und marschiert wird. Glauben sie, was sie hören? Es gibt kein Fernsehen. Wie haben sich Bilder herstellen lassen aus dem, was man hörte und las? In den Zeitungen dieser Tage gibt es keine Abbildungen von dem, was am Donnerstag, dem 10. November auf den Straßen zu sehen ist. Die Propagandamaschinerie erfüllt Weisungen. Sie sind heute nachlesbar.

Die Risse, mit denen Menschen leben, machen sie spröde wie Glas, sie können zersplittern, schmerzen. Steht auch dieses Wissen den Fragen und Antworten im Wege?

Erinnert sich wirklich niemand an das Wetter? Die Zeitungen sind genau. Ein gewöhnlicher November, grau, feucht, kühl. Es wurde früh dunkel. Am Tage stiegen die Temperaturen manchmal auf fast zehn Grad. Am Montag, den 7. November 1938 hat in Paris jenes Attentat stattgefunden, das den nachfolgenden Ereignissen zum Anlaß dienen wird. Herschel Feibel Grynszpan, ein junger Jude, siebzehn Jahre alt, aus Hannover, ohne gültige Papiere, schießt den 3. Botschaftsrat Ernst vom Rath in der Deutschen Botschaft nieder. Er wird verhaftet und gibt an, auf das Los der Juden in Deutschland aufmerksam machen zu wollen. Unter den 17 000 Juden mit polnischen Pässen, die von einem Tag auf den anderen aus Deutschland in das nicht aufnahmewillige Polen abgeschoben werden, befinden sich auch seine Familienangehörigen. Als Antwort auf die spontane Tat eines Verzweifelten wird das Signal zur Hetzjagd auf die Juden in Deutschland geblasen. In groben Zügen kennen wir den Ablauf und die Ergebnisse. An diesem Montag finde ich noch nichts vom Attentat in den Abendzeitungen. Aber am Dienstag, den 8. November. Die Nachrichten fordern zur Vergeltung heraus. Die Vergeltung wird organisiert und erscheint in den deutschen Zeitungen als „berechtigter spontaner Volkszorn", der eine „jüdische Tat" mit deutscher Gründlichkeit rächt. Dabei muß diese Novemberwoche für die Menschen ganz gewöhnlich begonnen haben. Am Sonntag hatte in Berlin die jüdische Presse wie immer den Wochenplan der Gottesdienste und die Namen der predigenden Rabbiner veröffentlicht

Wir sind die Nachwelt. Wir können das Jahr 1938 nicht ohne Auschwitz denken. Damals aber war Auschwitz vermutlich nicht mehr als der Name irgendeines belanglosen Ortes in Polen. Als Kind stellte ich mir vor, Deutschland wäre zwölf Jahre hindurch unter einer Decke aus Grauschwarz versteckt gewesen. Die zu dieser Vorstellung gehörenden Menschen brüllten in jener markigen Weise, die ich aus Filmen kannte; die Frauen, breithüftig und blond, verfügten über den Blick, der mir Angst machte. Das Brüllen gehörte zu denen, zu denen wir nicht gehörten. *Wir* waren die Guten. Und die Guten flüsterten, bevor sie Flugblätter verteilten oder von der Gestapo gefangen wurden. Als Kind spielte ich Überleben. Wir versteckten uns irgendwo in der Wohnung und wollten uns nie mehr bewegen, nichts mehr essen. Wer würde es länger aushalten? Ich fühle noch meine Entrüstung, als mir irgendeine Frau von einem schönen Kinderurlaub erzählte, den sie, vielleicht war es der Sommer 1938, erlebt hatte. Dies war in meinem Kinderbild über jene Zeit nicht enthalten. Die Frau lachte mich aus. Noch heute möchte ich die Erfahrung ungeschehen machen.

Mein Wissen über jene Jahre ist eine Kette aus Abstraktionen und Projektionen. Mein Gefühl verweigert mir jene Selbstverständlichkeit des Umgangs, den Gleichaltrige immer hatten. Für sie, denke ich heute, wurden die zwölf Jahre zur Metapher, die schließlich den kalten Winter 1947 beschreibt und die Bombennächte, die Evakuierung, die Gefangenschaft der Väter, Vermißten- und Todesmeldungen. Doch sie verfügten auch über den gewöhnlichen Alltag, über Kochrezepte und Lagerfeuerromantik, das kleine Heldentum der Kohlenklaus und über unglaubliche Begebenheiten, die auf Familienfesten herausgekramt werden.

Mein November 1938 hat eine andere Vorgeschichte, eine Gegenwart, eine Folge, kein Ende. Ich spreche von der Befreiung, wo sie von ihren Eltern, Müttern, Tanten, Großvätern das Wort Zusammenbruch übernommen haben. Es ist nicht schwer zu verstehen, warum wir aus dieser Erfahrung heraus unterschiedliche Fragen und Antworten haben.

Ich träume die Erinnerungen der anderen. Ich gehöre nie zu denen, die damals Zuschauer waren. Ich bin ein nachgeborenes Opfer. Dieses Muster für Identifikation führt mich in die Irre. Ich bin eine Frau, die heute zu verstehen versucht, wie es damals zu jener schweigenden, auch mißbilligenden Loyalität kam, in der das Wegsehen einem Verrat, die Ehescheidung einem Todesurteil entsprechen konnte.

In den Zeitungen vom November 1938 entdecke ich die andere

Wirklichkeit. In ihr gibt es keinen Widerstand, keine Solidarität, keine Empörung und keine Massenproteste im Ausland, keine Aufrufe, deutsche Waren zu boykottieren. In jenen Zeitungen besteht die Welt aus Ereignissen, die alltäglich sind. Hin und wieder findet sich der Bericht über einen Mord, Kriminalität wird geahndet, Hehlerei und Diebstahl beispielsweise. Es gibt Film- und Theaterrezensionen, Modetips, Reiseberichte und die Börse, es gibt Annoncen. Das, was später „Kristallnacht" genannt wird, spielt in diesen Tagen eine untergeordnete Rolle. Aber die Straßen sind übersät mit Scherben. Und 20 000 bis 30 000 Männer sind in Konzentrationslager verschleppt, Hunderte von Synagogen verwüstet. „Volkszorn" liest man dazu in den Zeitungen, und der Jude Grynszpan wird zum Symbol eines internationalen Judentums, das als Feind der Deutschen zu bekämpfen ist. Von Ausrotten ist noch nicht die Rede. Vielleicht haben die Menschen das alles nicht zur Kenntnis genommen, weil sie nur mit sich befaßt waren? Vielleicht haben sie nur den Sportteil gelesen oder die Kultur oder den Fortsetzungsroman. Die Antijudengesetze standen meist auf den vorderen Seiten. Wenn sie keine Zeitung lasen und in Städten wohnten, haben sie gesehen, was sichtbar war. Das Unsichtbare hat die Nachwelt ans Tageslicht gebracht.

Ich muß für mich klären, wie ich mit dem tatsächlichen Leben, mit der gedachten und der Propagandawirklichkeit des November 1938 fertig werde. Ich kann nicht hinter mein neues Wissen zurück. Ich kann mich weniger denn je mit meinen alten Antworten zufrieden geben. Der Fackel- und Flammenkult der Nazi-„Altgarde", dessen pyromane Symbolik mich vielleicht belustigen würde, wüßte ich nicht um die grausige Bedeutung und Konsequenz des Rituals, findet seinen pervertierten Höhepunkt in den brennenden Synagogen jener Novembernacht.

Wir erinnern uns nicht deshalb daran, weil es seitdem fünfzig November gegeben hat, sondern weil es unsere Pflicht ist, die Erfahrung weiterzugeben. Nicht nur Juden sollen sich daran erinnern, als wären sie dabeigewesen.

Mein November 1938 ist im Streit entstanden, im Widerspruch, aus den Fragen an einen Historiker, der mir nicht geholfen hat, bequeme Erklärungen zu finden. Der November 1938, mit dem ich mich im November 1987 vertraut gemacht habe, ist keine Metapher, die Methode bekommt. Am Erew Schabbes haben sie uns geholt, sagt der Mann, von dem ich nicht wußte, daß er auch in Sachsenhausen war. Damals wird er 16 oder 17 Jahre alt gewesen sein. So alt wie Herschel Grynszpan. Am Freitagabend also, die Männer haben gebetet, sie wußten nicht, was ihnen geschehen würde.

War der November 1938 ein guter Monat für die Nazis? Es soll ein Hochgefühl gegeben haben, das über das Unrecht hinweghalf, ein Hochgefühl über den friedlichen Krieg, der Österreich und das Sudetenland eingebracht hatte. Erklärt das, warum die sichtbare Ausgrenzung der Juden, die mit Anfangsdatum und Ablauf in den Zeitungen angekündigt wurde, den Widerstand nicht vervielfacht hat? Immer wieder stelle ich die gleiche Frage, auf die es keine einfache Antwort gibt. Auch das Befragen von Zeugen ist unbefriedigend. Es illustriert, und doch ersetzt es nicht die historische Forschung. Sie ist unerläßlich, um Zahlen und Daten als Ergebnisse tatsächlichen Handelns von wirklichen Menschen, das auch im Unterlassen besteht, zu verdeutlichen.

Im November 1938 – aber ist das nicht wieder nur die Rückschau von Auschwitz her? – hätten viele Menschen ahnen und einige wissen müssen, was geplant war. Doch die Wirklichkeit dieses trüben Monats ist eine gewöhnliche. Die Menschen haben ihr Leben gelebt, die einen besser, die anderen schlechter.

Im November 1987 sitze ich vor den Zeitungen jener Tage und fresse in mich hinein, was damals alltäglich war: Auch die Judenhetze, auch die Selbstverständlichkeit, mit der Verordnungen erschienen, die den Alltag der Juden grundlegend veränderten.

Um siebzehn Uhr verlasse ich täglich die Bibliothek. Ich gehe zur Straßenbahnhaltestelle, warte, steige ein, setze mich und sehe aus dem Fenster. Einmal warte ich mit einer alten Frau. Wir sprechen über die Straßenbahn, über Berlin. Wohnten Sie schon immer hier? Ja, schon immer. Auch 1938? Ja. Können sie sich an den November erinnern? Natürlich, da war doch die Kristallnacht. Und? Es ist 50 Jahre her. Die Frau ist damals Lehrmädchen bei der Post. Nach Arbeitsschluß, gegen vier Uhr nachmittags, gehen die Lehrlinge gemeinsam nach Hause, vom Zentrum in Richtung Norden. Da müssen sie durchs Scheunenviertel, wo die Ostjuden wohnen, durch die Münzstraße. Auch an diesem Tag. Ich kenne den Weg. In der Straßenbahn erzählt mir die Frau davon. Sie spricht über das Glas, die zertrümmerten Schaufenster. Aus einer zweiten Etage werden Musikinstrumente auf die Straße geworfen. Hatte sie Angst? Es war wohl mehr ein Entsetzen. Mehrmals erwähnt sie das Glas, überall dieses zersplitterte Glas. Es war schrecklich, sagt sie und weiß nicht, was sie noch sagen soll. Woher wußte man, wer Jude ist? Sie sagt, am Hausvogteiplatz, im Textilviertel, da waren alle jüdisch. Aber woher wußte man das? Sie zögert nur einen Moment. Der Name, das Aussehen, man wußte es eben. Es gab viele Juden in Berlin, schon immer. Noch nie hat ihr jemand die Frage gestellt. Sie steigt aus, wo ich aussteige, und fragt mich, warum ich in dieser Gegend wohne und nicht in einer besseren. Ob das Kaufhaus an der anderen Ecke ein jüdisches gewesen ist, weiß sie nicht. Damals wohnte sie in Pankow. Ich sage ihr, daß die Scheiben des anderen Kaufhauses in jener Nacht eingeschlagen worden sind. Daran haben sich andere erinnert.

Meine Unsicherheit nimmt zu. Die Schablone, die ich für diese Geschichte parat halte, ist unbrauchbar geworden. Der Historiker beobachtet, wie ich mich in diesem Gewirr aus Gefühl, altem und neuem Wissen, Tatsachen und Legenden, Zeitungsmeldung und Disput verliere, wie ich mich zu einer Sicht zwinge, die zu meiner Möglichkeit des Erzählens von Geschichte wird. Ich beginne damit, meinen November 1938 zu beschreiben. Ich erzähle die Infamie der Zeitungen. Ich ergänze Berichte Berliner Kinder, die an jenem Novembertag 1938 zur Schule gingen. Ich versuche zu rekonstruieren, ich frage. Ich weiß, der Historiker wird genau sein. Meine Fragen werden zu seinen Antworten kommen, manches wird sich klären.

Wie auch immer die Details ausfallen, ich darf nicht vergessen, daß es um ein Deutschland mit faschistischer Diktatur geht, und nicht um die Unterlassungen in einer beschädigten Demokratie. Das Ausbleiben einer Opposition der Straße hat Geschichte. Der Widerstand ist heldenhafter, als ich es mir vorstellen kann, auch die heimliche Hilfe im Alltag. In diesem Deutschland läßt sich Angst nicht mehr einfach als individuelle Feigheit denunzieren, sondern ist als systematisch eingedrillte Anpassung zu beschreiben, die das ungefähre Wissen um die existentielle Bedrohung der Andersdenkenden einschließt. Analysen müssen die Menschen in ihrer wirklichen, nicht in unserer gedachten Wirklichkeit mitdenken. Es fällt mir schwer, das Schweigen und Wegsehen als Ergebnis von Verhältnissen zu interpretieren, die Verhaltensweisen ergeben. Ich wußte nicht, daß der *Stürmer* listenweise, Woche für Woche, Namen und Adressen von Männern und Frauen veröffentlicht, die irgendwo in Deutschland mit Juden sprechen, bei Juden einkaufen, Juden wie ganz gewöhnliche Menschen behandeln. Ich kann mir vorstellen, wie sich Menschen fühlen, wenn ihr Name wie ein Steckbrief ausgeschrieben ist.

Das alles ist erst fünfzig Jahre her. Erst? Schon? Werde ich mich später im Leben an Ereignisse erinnern, die fünfzig Jahre zurückliegen? Werden diese Erinnerungen dann der Prüfung standhalten?

Im November 1987 versuche ich mir vorzustellen, wie Menschen fünfzig Jahre zuvor funktioniert haben. Ich stelle mich ans Fenster, sehe auf die Straße. Was haben die damaligen Bewohner dieser Wohnung in jener Nacht gehört? Unter mir hat eine Rabbinertochter gewohnt, erwähnt die Frau aus der zweiten Etage. Die Rabbinertochter war mit einem Nichtjuden verheiratet. Man kannte sich. Man grüßte sich. Trotz des SA-Mannes aus dem Seitenflügel. Die Frau von unten war damals jung. Sie weiß, daß ihre Mutter den SA-Mann einmal zur Rede stellte. Vorderhaus gegen Hinterhaus? Den SA-Mann holten sie 1945, gleich nach dem Zusammenbruch, wie sie sagt. Seine Frau ist in den Westen gegangen. Ein Kind der Rabbinertochter soll heute in England leben. Und was wurde aus der Rabbinertochter? Als die alte Frau von unten ein junges Mädchen war, wollte sie Kindergärtnerin werden. Das war 1938. Sie ging in eine andere Stadt zur Kindergärtnerinnenausbildung. Darum war sie im November 1938 nicht in Berlin.

Es gibt vermutlich unzählige Geschichten wie diese. Und es gibt andere. In Berlin leben heute nur noch wenige Juden, die vom November 1938 berichten können. Es ist an der Zeit, die Erinnerungen der anderen zu hören, die mit diesem Erlebnis alt geworden sind, das sich in ihr Leben eingefressen hat, das sie vergessen möchten, das nicht zu vergessen ist. Die Juden, mit denen ich spreche, erinnern sich an Hilfe von Freunden, Nachbarn, Fremden, Kollegen. Das hatte ich mir so nicht vorgestellt. Und auch nicht, daß mir ein jüdischer Mann sagt, er habe von den Verwüstungen der Novembernacht erst am kommenden Tag gehört, von den Kollegen im Betrieb. Er wohnte damals in einer Nebenstraße, fuhr mit dem Fahrrad durch Nebenstraßen zur Arbeit, erfuhr dort, daß die Synagogen brannten, fuhr nach Feierabend mit seinem Fahrrad in die Stadt, um zu sehen, wovon er gehört hatte.

Nein, es war nicht vorstellbar, daß das erst der Anfang war. Niemand konnte damals ahnen, was das Wort Auschwitz einmal bedeuten würde.

Die alten Frauen, die ich in einem Veteranenklub im Prenzlauer Berg besuche, fragen, warum ich erst jetzt komme, wo so viele der Alten längst gestorben sind. Doch auch sie mühen sich, mir ihre Erinnerungen zu berichten. Da hat es die jüdischen Kinderärzte gegeben, die jüdischen Geschäfte. Eine Frau erzählt, als wäre sie noch immer verwundert, von der Geschäftsinhaberin, die an jenem Donnerstag, den 10. November, weinend vor der Wohnungstür stand, um das Mieder abzuliefern, das ihr zur Ausbesserung anvertraut war. Als die Männer der SA in Zivil den Laden verwüsteten, rettete sie, was den Kundinnen gehörte, den deutschen Frauen, den Arbeiterfrauen, den armen Frauen. Heute erzählen sich diese Geschichten vor dem Hintergrund eines Wissens, das wir auch Shoah nennen, Holocaust, Millionenmord. Wir haben keine treffenderen Worte. Auch Zahlen helfen nicht. Die Erinnerungen derer, die überlebten, die weiterlebten, machen das Fragen sinnvoll. Selbst Schweigen schürt die hilflose Wut, die in die Pflicht gekommen ist, das zu verewigen, was in jenem November 1938 geschehen ist.

In der Intensität und Intimität des Umgangs mit diesem Teil deutscher Geschichte, der als das Ende der jüdischen Geschichte gedacht war, entdecke ich mich in denen, die eine symbolische Generation bilden, eine Generation von Antifaschisten, gleich in der Haltung, oft unterschiedlich in den Erklärungen, im Gefühl. Es ist die treibende Kraft der historischen Tatsachen, die diese Zugehörigkeit konstituiert.

Im Jahre 1938 konnte man solche Gedanken nicht haben. Im Jahre 1938 hatte ein vermutlich unpolitischer Jude, der junge Herschel Grynszpan, den Anlaß zur Aktion gegeben, die später als „Kristallnacht" in die Umgangssprache eingegangen ist. Die Angst und der Judenhaß waren in Deutschland Herrschaftsinstrument geworden. Doch Bemerkungen wie diese erklären eigentlich nur wenig.

Als ich im November 1987 begann, über den November 1938 anders nachzudenken als bisher, wollte ich alles wissen. Ich hatte keine Vorstellung, was das sein würde. Im November 1987 wollte ich mir vorstellen, wie mir damals zumute gewesen wäre. Diese Vorstellung entpuppte sich als Irrweg. Nicht nur, weil sie, und davor hatte der Historiker, als ich ihm nicht zuhören wollte, gewarnt, eine Geschichte im Konjunktiv voraussetzt. Sie paßt auch nicht in meine DDR-Realität der achtziger Jahre.

Kurt Grünberg

# Folgen des Holocaust bei den Nachkommen jüdischer Überlebender in der Bundesrepublik*

„Es geht euch nichts an, was geschah, denn ihr wußtet nicht oder wart zu jung oder noch nicht einmal auf dieser Welt? Ihr hättet sehen müssen und eure Jugend ist kein Freibrief und brecht mit eurem Vater.“
(Jean Améry, 1980, S. 149)

*Klischees* über Juden stehen zeitweise hoch im Kurs bundesrepublikanischer Medienöffentlichkeit: Da gibt es einen Friedensschluß über SS-Gräbern in Bitburg. Da findet sich in Frankfurt „der reiche Jude“ in Fassbinders „Der Müll, die Stadt und der Tod“. Und während ein Herr Fellner von Juden spricht, die „sich schnell zu Wort melden, wenn irgendwo in deutschen Kassen Geld klimpert“ (*Stuttgarter Zeitung*, 11. 1. 1986), bekommt ein Wilderich Freiherr von Mirbach Graf von Spee in Korschenbroich die Idee, „ein paar reiche Juden“ zu erschlagen, um den städtischen Haushalt zu sanieren (*Der Spiegel*, 6/86, S. 26). Zu guter Letzt soll dann in Bonn ein Mahn- oder gar Ehrenmal „besonders für die Toten unseres Volkes“ errichtet werden, das Opfer und Täter *gemeinsam* ehrt ...

Wovon bei diesen Bestrebungen nach Herstellung deutscher „Normalität“ jedoch *nicht* die Rede ist, wofür Täter, die damaligen Mitläufer und diejenigen, denen die „Gnade der späten Geburt“ zuteil wurde, *kaum* Interesse zeigen, sind die „realen Juden“, die tatsächlich – auch nach der nationalsozialistischen Judenvernichtung – noch heute im „Land der Mörder“ leben. Um sie ist es meist sehr still.

---

* Aus: *Psyche*, H. 6, 41 Jg., Juni 1987, S. 492–507

Im Verborgenen leiden ehemalige KZ-Insassen an dem vom US-Psychiater W. Niederland (1961) beschriebenen „Überlebenden-Syndrom“. Mit den *Nachkommen jüdischer Überlebender in der Bundesrepublik Deutschland* befaßt sich die vorliegende Arbeit. Aus fünf qualitativ-inhaltsanalytisch ausgewerteten Tiefeninterviews mit solchen Personen (vgl. Grünberg, 1983) wurden zwei Fallstudien ausgewählt und Ergebnissen der internationalen Fachliteratur gegenübergestellt. Im Vordergrund steht die bisher vernachlässigte Frage, welche spezifischen Befunde sich dadurch ergeben, daß es sich hier nicht nur um die „Zweite Generation“ generell, sondern um die Nachkommen Überlebender gerade in *Deutschland* handelt.

*Reinhard L. und Judith B. – zwei Juden in der Bundesrepublik*

Der 28jährige Student *Reinhard L.* wurde in einem Displaced-Persons-Camp geboren. Er wuchs zusammen mit seiner acht Jahre älteren Schwester und seinem dreizehn Jahre älteren Halbbruder, dem Sohn seiner Mutter aus erster Ehe, auf.

Reinhards Mutter stammt aus einer polnischen Kaufmannsfamilie. Wegen ihrer Aktivitäten in der Kommunistischen Partei Polens kam sie ins Gefängnis. Sie selbst wurde Opfer der Ghettoisierung ihrer Heimatstadt, ihr Sohn konnte noch rechtzeitig bei Bauern versteckt werden. Ihr damaliger Ehemann galt lange Zeit als verschollen. Entgegen allen Vermutungen hat er die Judenverfolgung doch überlebt. Er starb jedoch kurz nach dem Krieg.

Über ihre Verfolgung habe Reinhards Mutter wenig gesprochen. Sie „hat ein Auge rausgeschlagen bekommen [...], da mußte sie Stiefel putzen von einem SS-Typ, und der hat dann gefunden, daß sie nicht so sauber waren, und der hat ihr dann die Stiefel ins Gesicht geschlagen“.

Reinhards Vater stammte aus einem polnischen „Schtetl“. Vor dem Krieg war er dort Tischler gewesen. Seine damalige Ehefrau wurde wahrscheinlich ermordet, ihm selbst gelang die Flucht in die Sowjetunion. Auch seine vier Söhne aus dieser Ehe überlebten. Diese vier Halbbrüder Reinhards leben heute in Israel.

In der Bundesrepublik war Reinhards Vater „im Prinzip ohne Beruf“. Er lernte nie deutsch, sondern verständigte sich in polnischer und jiddischer Sprache. Bis zum Tod des Vaters im Jahr 1980 lebten Reinhards Eltern auch nach ihrer Scheidung weiterhin im selben Haus.

In seinem Elternhaus erfuhr Reinhard sehr früh, „daß die Deutschen jemand Böses sind, die uns Juden was antun wollen". So vermied er als Kind sehr lange den Kontakt zu nichtjüdischen Deutschen. Nichtjuden wurden nicht mit nach Hause gebracht, weil sonst die Frage nach dem Verhalten ihrer Eltern bzw. Großeltern während des Nationalsozialismus aufgetaucht wäre. Befürchtungen bewahrheiteten sich, als Reinhard und andere jüdische Kinder als „Judenschweine" beschimpft wurden.

Aufgrund dieser Erfahrungen fragt er sich immer wieder, warum seine Eltern in Deutschland geblieben sind. Einzig in der Auswanderung scheint für ihn die Lösung zu liegen. In der bundesrepublikanischen Linken findet er den erhofften Rückhalt nicht. Vergleiche zwischen Israelis und Nazis, die zur Schuldentlastung gezogen werden, vergrößern die Distanz (vgl. Wetzel, 1983 und Broder, 1980; 1981).

Reinhard fühlt sich zwischen allen Stühlen. In einer „stillen Stunde" im Bett denkt er dann, daß es den Deutschen eigentlich ganz recht geschehe, „so schwer zu krebsen oder zu kämpfen zu haben". Warum solle es ihnen besser gehen? Zumindest möchte er zu keiner Erleichterung beitragen. Mit israelischen Belangen könnte er sich eher identifizieren „als hier, als irgendwo da oben in der Heide, ob da ein Atomkraftwerk reinkommt".

Die 34jähre Lehrerin *Judith B.* ist die mittlere von drei Geschwistern. Judiths 1981 verstorbener Vater – ein Viehhändler – war neben seinem Bruder der einzige Jude aus seinem deutschen Herkunftsort, der die nationalsozialistische Verfolgung überlebte. Seine erste Ehefrau und sein Sohn wurden ermordet. Wie der Vater zählt auch Judiths Mutter zu den wenigen Überlebenden von Auschwitz.

Judith kann nicht verstehen, warum ihre Eltern in Deutschland geblieben sind. Primär als Jüdin erzogen, sei sie „nur so irgendwo am Rande auch Deutsche". Sie hat das Gefühl, nur zufällig in Deutschland zu leben, „aber so richtig dazu gehörst du nicht".

Dem Wunsch ihrer Eltern entsprechend, ging Judith nach dem Abitur nach Israel, tat den Schritt, den ihre Eltern nicht zu tun vermocht hatten. „Und damit war für mich eigentlich dieses Kapitel Deutschland so relativ abgeschlossen." Doch ihre Hoffnung erfüllt sich nicht. Judith kehrt, zunächst aus wirtschaftlichen Gründen, mit ihrem israelischen Ehemann in die Bundesrepublik zurück. Nach dem tödlichen Unfall ihres Mannes bleibt sie mit ihrem Sohn Avi in Deutschland. Doch sie bleibt als Gast, den die hiesigen Verhältnisse nichts angehen – eine „Transitsache". Sie würde nicht trauern, wenn

Deutschland von einem Tag auf den anderen von der Landkarte verschwände.

Aber Judith ist verzweifelt, denn der Preis für ihr Verbleiben in diesem Land ist hoch. Da sind die Einschränkungen ihres hiesigen Privatlebens. Vor allem aber hat sie Angst, daß Avi eines Tages die gleichen kritischen Fragen an sie richten könnte wie sie an ihre Eltern. Sie hat Angst – trotz ihrer Einsichten –, Avi genau das zu vermitteln, was ihr selbst Probleme bereitet, „daß ich also wieder den gleichen Mist baue wie meine Eltern."

*Familien von Überlebenden*

Erstmals wiesen die Kanadier Rakoff, Sigal und Epstein (1966) auf die besondere Problematik von Überlebenden-Familien hin. Sie diagnostizierten in diesen Familien den Zusammenbruch von gewöhnlichen familialen Organisationsstrukturen. Durch immer wiederkehrende Erinnerungen an ihre schrecklichen Verfolgungserlebnisse seien die Überlebenden derart präokkupiert, daß sich in ihren Familien folgenschwere Rollenverschiebungen ergäben. Statt auf die Bedürfnisse ihrer Kinder eingehen zu können, erhofften sich die Eltern eher Unterstützung und Befriedigung der eigenen Bedürfnisse durch ihre Kinder. Hinter vielen elterlichen Erwartungen stehe der Wunsch nach dem Ersatz ermordeter Ehepartner, Kinder und Verwandter. Der Kanadier Trossman (1968) schildert, daß Überlebende ihre Kinder als Auditorium für ihre sich unbarmherzig wiederholenden furchtbaren Verfolgungserlebnisse benutzten. Bei Jugendlichen, die ein besseres Schicksal erfahren haben als ihre Eltern, können sich Schuldgefühle bis zur Depression steigern.

Eine solche Konfrontation mit immer wiederkehrenden Schilderungen der elterlichen Verfolgungserlebnisse mußte *Judith B.* schon sehr früh ertragen lernen. „Denn das lief immer so ab, daß man zum Beispiel übers Wetter sprach und garantiert beim KZ landete, immer. [...] Ich weiß nur, daß das eigentlich in meinem Bewußtsein so stark drin ist, daß ich oft das Gefühl hatte, als ich jünger war, daß ich nicht mehr so richtig wußte, ob ich das selbst erlebt hatte oder ob ich das nur erzählt bekommen hatte."

Nach ihrer Befreiung versuchten Überlebende, einen „Ersatz" für den Verlust der sozialen Verwurzelung, für verlorene Verwandte, Ehepartner und Kinder zu finden. Neue Ehepartner wurden dann auch weniger aufgrund gemeinsamer Interessen und ähnlicher Lebensauffassung gewählt. Überlebende suchten vielmehr den Schutz einer neuen – möglichst jüdischen – Familie, die ihnen die Rückkehr zu „normalen“ Lebensverhältnissen zu gestatten schien. So bewegt auch *Judith B.* die Frage, warum ihre Eltern *überhaupt* geheiratet haben. Ihre Eltern hätten sich „durch Zufall kennengelernt. [...] Und sehr bald geheiratet. Mein Vater wollte ganz klar wieder ’ne Familie gründen, wollte wieder Kinder haben, wollte ’ne jüdische Frau. Und – meine Mutter war mutterseelenalleine und fühlte sich durch diesen etwas älteren Mann, der ihr irgendwo Schutz und Fürsorge entgegenbrachte, angezogen.“ *Reinhard L.* spricht gar von einer „geschäftlichen“ Beziehung seiner Eltern, „mein Vater konnte weder lesen noch schreiben, also nur dieses Hebräische von der Bibel [...], sie machte zumindest den ganzen Papierkram. Dafür ist mein Vater mit meiner Mutter da und dort hingegangen, wo sie hinmußte [...], das war auch mit entscheidend, daß sie auch nach der Trennung trotzdem immer noch zusammen waren.“ Die Beziehung zwischen seinen Eltern sei keine Beziehung zwischen Mann und Frau im eigentlichen Sinne gewesen, „es war keine Beziehung [...], da war nichts“.

Von der spezifischen Situation der Überlebenden nach ihrer Befreiung ausgehend, lassen sich auch die Auswirkungen der Verfolgung auf die zweite Generation erklären. Grubrich-Simitis (1979) sieht eine Störung der präverbalen Mutter-Kind-Beziehung. Ausgehend von Khans Begriff des „kumulativen Traumas“ beschreibt sie die erst durch Anhäufung äußerlich unauffälliger Einfühlungsversäumnisse traumatisch wirkenden Überforderungen der Säuglinge, denen mütterliche Einfühlung und Schutz vor Reizüberflutung fehle.[1] Die US-Amerikaner Barocas und Barocas (1979; 1980) gelangen zu der Erkenntnis, daß die normale Entwicklung des Separations-/Individuationsprozesses in Überlebenden-Familien als Bedrohung des Familiengleichgewichts erlebt werde. Eine Trennung rufe auf beiden Seiten tiefe Vernichtungsängste hervor. Barocas und Barocas weisen auch auf eine Aggressionsproblematik in Überlebenden-Familien hin. Auf den Kindern laste eine starke Verantwortlichkeit für die Integrität der Familie. Die Eltern erwarteten kategorisch, daß die Kinder ihnen gegenüber nicht aggressiv seien. Folglich seien Aggressionsäußerungen der Kinder mit starken Schuldgefühlen verbunden. Es fänden sich aber auch Überlebende, die das Ausleben aggressiver Impulse an ihre Kinder delegierten, d.h. diese stellvertretend handeln lassen. Unterstützung finden diese Erkenntnisse durch eine israelische Untersuchung von Nadler, Kav-Venaki und Gleitman (1985). Bei Nachkommen von Überlebenden zeigte sich im Unterschied zu einer Vergleichsgruppe die deutliche Tendenz, aggressive Neigungen gegen sich selbst zu wenden. Ein späteres Vorherrschen allgemeiner Passivität sei auf eine Generalisierung solcher Prozesse zurückzuführen.

Auch Versuche, die vermeintliche Überlebensschuld zu lindern, erweisen sich als problematisch. Häufig kommt es zu überhöhten Leistungserwartungen der Eltern an ihre Kinder. Wie sich ein solcher Leistungsdruck in Tendenzen zu Konfliktvermeidung äußert, um die Eltern zu schonen, demonstriert *Judith B.*. Sie hatte große Angst, den Eltern Schwierigkeiten in der Schule einzugestehen. „Meinen Eltern hätte ich nie gewagt, das zu sagen. Da mußte man Erfolge bringen.“ Jahrelang habe sie ihre Schwächen überspielt. „Ich glaube, im Unterbewußtsein war einfach dieses ‚die haben schon so viel mitgemacht‘ und ‚man darf denen nichts Böses tun‘. Die müssen immer geschont werden. Da hat man eher sich selbst verletzt als die Eltern, jahrelang.“

Die vielleicht stärkste Belastung, so Trossman (1968), erführen die Kinder Überlebender durch die ausgesprochene oder unausgesprochene Botschaft, das Kind müsse dem sonst leeren Leben der Eltern einen Sinn geben, es müsse all das erlittene Leiden der Eltern rechtfertigen.

Wie Eltern durch ihre Kinder „weiterleben“, zeigt sich deutlich bei *Reinhard L.*: „Also von der Vergangenheit wurde sehr wenig gesprochen, und über Zukünftiges, klar nur über die Kinder.“ Seine schulische Karriere verdanke er seiner nunmehr völlig erblindeten Mutter. Ihr werde er auch seine Diplomarbeit widmen, das sei auch *ihr* größter Erfolg. „Ich mach’ eigentlich auch für sie die ganze Universität bis zum Ende. Ich bin ihr ein und alles.“ Der Gutachter dieses Interviews (Kaminer, 1983) schreibt: Reinhard „ist der Augapfel seiner Mutter. Er wird quasi zu dem sehenden Auge der Mutter und kann sie deshalb nicht in der Dunkelheit alleine zurücklassen.“

### *Sozialbeziehungen der zweiten Generation*

Von den Eltern sei häufig eine von Angst und Mißtrauen geprägte negative Weltsicht übernommen worden. Nachkommen von Überlebenden sähen sich selbst in ihrem sozialen Umfeld als Fremde und Außenseiter, nur die jeweils anderen Kinder von Überlebenden seien davon ausgenommen. Grundsätzlich vorherrschend seien Gefühle von Einsamkeit und Isolation. Diese Integrationsproblematik haben bereits frühere Untersuchungen herausgestellt (vgl. u. a. Rakoff u. a., 1966; Trossman, 1968; Sigal u. a., 1973; Russell, 1974; Dominik und Teutsch, 1978; Phillipps, 1978; Slipp, 1979; Krell, 1979; Freyberg, 1980; Oliner, 1982).

In den mit deutschen Juden geführten Interviews bestätigten sich generell diese Befunde. Eine deutliche Verschärfung ergibt sich jedoch durch die Tatsache, daß es hier nicht um die Einbindung in *irgendeine* Gesellschaft *irgendeines* Landes, sondern um die Einbindung in die Gesellschaft der *Bundesrepublik Deutschland* geht. „Verfolgung" erscheint hier nicht nur abstrakt als allgemeingesellschaftliches Phänomen. Vielmehr treten Verfolger ganz konkret in Erscheinung, z. B. als Eltern von Freunden, als Nachbarn und Geschäftsleute, deren nationalsozialistische Vergangenheit die heutigen Beziehungen belastet.

Die Familie von *Reinhard L.* ist isoliert. Er kann sich nicht erinnern, „daß irgendein Nichtjude bei uns zu Hause war, oder daß wir auch irgendwas von außen erzählt haben". Einzig durch seine sportlichen Aktivitäten gewann er nichtjüdische Freunde. Doch nahm er sie weder mit zu sich nach Hause, noch erzählte er ihnen viel von seinem Elternhaus. Mittlerweile hat Reinhard viele nichtjüdische Freunde, doch noch heute ist die nationalsozialistische Verfolgung, die Herkunft dieser Freunde, der „Prüfstein", nach dem er Personen, die er kennenlernt, „abklopft"! Er habe ein Gespür dafür entwickelt, mit wem es ohnehin keinen Sinn habe. Mit denjenigen, zu denen ein Kontakt entstand, sei das Gespräch „schon recht intensiv. Aber – ich klopf' halt ab. Ich geh' da vorsichtig ran mit Leuten. Ich muß immer erst über die Bescheid wissen." Bei seinen Freunden „gibt's mit Sicherheit keine Nazis in der Familie".

Savran und Fogelman (1979) betrachten vor dem Hintergrund der elterlichen Verfolgungserfahrungen die Beziehungsproblematik der zweiten Generation. Kinder von Überlebenden verspürten über die Ermordung ihrer Verwandten und die Vernichtung jüdischer Kultur großen Zorn. Scham empfänden sie über die Demütigung ihrer Eltern oder auch darüber, wie diese überlebten. So versuchten sie einerseits, sich von diesem Teil des Lebens ihrer Eltern zu entfernen, doch andererseits hätten sie Angst, sich in dieser besonderen Verbindung zu ihren Eltern anderen mitzuteilen. So blieben sie allein, ängstlich, von anderen in diesem „Geheimnis“ entdeckt zu werden. Weiterhin wirke sich auch die Unsicherheit aus, der die Eltern während ihrer Verfolgung ausgesetzt waren. In der zweiten Generation erscheine sie als generelle Schwierigkeit, Bindungen einzugehen, sowohl was persönliche Bindungen zu Freunden, Partnern oder eigenen Familien, als auch, was sachliche Bindungen z. B. beruflicher Art angehe. Es existiere eine tiefe Angst, ähnliche Verluste zu erleiden wie die Eltern.

Als Entwicklungsversäumnisse im Separations-/Individuationsprozeß betrachten Barocas und Barocas (1979; 1980) solche beeinträchtigten Objektbeziehungen der zweiten Generation. In Verlängerungen frühkindlicher Symbiose-Erfahrungen über die phasenspezifische Dauer hinaus sehen sie die Ursache für die Suche nach extrem symbiotischen Beziehungen auch im Erwachsenenalter. Zudem seien Nachkommen Überlebender gegenüber realen oder eingebildeten Verlusterfahrungen äußerst empfindlich. So ist auch in diesem Zusammenhang auf die bei manchen Überlebenden vorzufindende Gleichsetzung von Trennung und Tod hinzuweisen (vgl. auch Slipp, 1979).

Auf einen weiteren wichtigen Aspekt der Beziehungsproblematik der zweiten Generation weist Maria V. Bergmann (1982) hin, wenn sie Schuldgefühle der Nachkommen Überlebender gegenüber ihren Eltern beschreibt, die bereits aufträten, wenn die Kinder Möglichkeiten sähen, das eigene Leben zu genießen.

Für die Paarbeziehungen der zweiten Generation spielt die Herkunft der Beziehungspartner/innen eine besonders wichtige Rolle. Während der Befund von Trossman (1968), daß Kinder Überlebender – um aktiv gegen die Eltern zu rebellieren – darauf insistierten, nichtjüdische Partner/innen zu haben, durch die eigene Untersuchung nicht zu verifizieren ist, findet die Beobachtung von Russell (1974) eher Bestätigung, nämlich daß die von ihm untersuchten Nachkommen Überlebender nicht gewagt hätten, eine nichtjüdische Freundin bzw. einen nichtjüdischen Freund zu haben. In Übereinstimmung mit Russell beschreiben Fogelman und Savran (1979b) Konflikte in bezug auf die Wahl nichtjüdischer Ehepartner. Ihre Klienten hätten eine solche Wahl nicht treffen können und dies damit begründet, daß ihre Eltern Überlebende seien. Die meisten Eltern hätten ihren Kindern eine klare Botschaft übermittelt: „Du wirst mich töten, oder ich töte dich, wenn du das tust.“

In der *Bundesrepublik Deutschland* liegt das Problem für die zweite Generation nicht nur in der *religiösen* Herkunft der Beziehungspartner/innen, d. h. in einer Bedrohung der kulturellen Identität von Juden in Deutschland. Vielmehr ist hier die Tatsache relevant, daß in Beziehungen zwischen jüdischen und nichtjüdischen *Deutschen* meist eine intime Verbindung zwischen Familien der Opfer und denen der Täter und Mitläufer hergestellt wird, die vielfältige Probleme aufwirft. Die Brisanz einer solchen Konfrontation der Verfolgten-Familien mit den Familien der ehemaligen Verfolger und Dulder der nationalsozialistischen Verhältnisse manifestiert sich z. B. in der Familie von *Reinhard L.*

Um sich dem Einfluß ihres dominierenden älteren Bruders zu entziehen, ging Reinhards Schwester mit ihrem nichtjüdischen Freund aus der Nachbarschaft nach Australien, wo sie heirateten. Reinhard spricht von einer Tragödie; von Reinhards Familie sei dieser Mann nie anerkannt worden, nicht nur, weil er nicht jüdisch, sondern auch, weil sein Vater ein „alter SS-Mann" war. Seitdem seine Schwester und ihr Mann wieder in Deutschland seien, „haben wir alle keinen Kontakt mehr. Also, zu ihm auf keinen Fall, mit meiner Schwester – ich gehe nie hin, in ihre Wohnung."

Auch bei *Judith B.* tritt die Beziehungsproblematik sehr deutlich in Erscheinung. Die wohl aus der Verfolgung resultierende Verleugnung der Sexualität bei ihrer Mutter erfährt Judith traumatisch.[2] Die Mutter beschimpfte sie als „Nutte" und zertrat eine Packung Anti-Baby-Pillen, als Judith ihr vertrauensvoll eine sexuelle Beziehung zu einem (jüdischen!) Freund in Israel andeutete.

Die Mutter versucht sehr massiv, auf Judiths Partnerwahl Einfluß zu nehmen. Als Judith nach dem Tod ihres jüdischen Ehemannes mit einem nichtjüdischen Partner zusammenzog, stellte die Mutter den zuvor sehr häufigen Kontakt zu ihrer Tochter fast vollkommen ein. Judith muß diese Reaktion sehr stark als Wiederholung der zuvor geschilderten, fast traumatischen Erfahrung der Beschimpfungen durch ihre Mutter erlebt haben. Nochmals erscheinen die eigenen Bedürfnisse als Gefährdung der Beziehung zur Mutter; „wenn sie [die Eltern] dann litten, dann war das natürlich schlimm. Sie hätten es dann lieber gehabt, daß ich leide, aber daß die Welt heile und in Ordnung ist".

Um diese drastischen Probleme verständlich zu machen, müssen die Verfolgungserlebnisse von Judiths Mutter miteinbezogen werden. Am Anfang steht ein Identitätskonflikt der Mutter, die nie wahrhaben wollte, daß ihr Vater Nichtjude, sie – gemäß nationalsozialistischer Doktrin – also „nur Halbjüdin“ war. Diesen Konflikt konnte sie zeitweise auflösen, indem sie sich völlig zu *ihrer* Mutter bekannte und freiwillig mit ihr nach Auschwitz ging. Die dortige Ermordung der Mutter und ihr eigenes Überleben – als „Halbjüdin“ – bewirkten massive Schuldgefühle, denen sie nur durch den freiwilligen Tod hätte entgehen können. „Lebensberechtigung“ hatte sie nur dann noch, wenn sie selbst in einer jüdischen Familie „*ganz*“-jüdische Kinder heranzöge. Wenn also *ihre* Kinder diese auf sie gerichteten Erwartungen *nicht* erfüllen, muß damit gewissermaßen auch *ihre* Daseinsberechtigung erlöschen.

Judith steht vor dem Dilemma: entweder sie „rettet“ ihre Mutter durch Erfüllung der mütterlichen Erwartungen und somit durch Aufgabe ihrer eigenen Bedürfnisse (falls dies überhaupt möglich ist), oder sie unternimmt den Versuch, sich aus dem Verfolgungszusammenhang zu lösen und damit eigene Bedürfnisse möglicherweise zu befriedigen. Gleichzeitig jedoch würde die Verantwortung für eine Wiederbelebung der traumatischen Verfolgungsängste ihrer Mutter auf ihr lasten. Denn in den Augen der Mutter würde Judith ihr die Daseinsberechtigung nehmen. So gerät Judith in dem Moment in die tragische Position eines elterlichen „Verfolgers“, da sie auf ihre Person bezogene Ansprüche nicht erfüllt (vgl. dazu Kestenberg, 1980). Angesichts dieses Dilemmas stellt Judith fest, daß sie ihrer Mutter trotz deren verletzenden Verhaltens nicht wirklich böse sein kann.

### *Politisches Engagement der zweiten Generation*

In bezug auf das politische Engagement von Nachkommen Überlebender lassen sich aus der internationalen Fachliteratur lediglich zwei Tendenzen aufzeigen: Einerseits weisen die Ausführungen über fehlende Einbeziehung, Entfremdung und Isolation der zweiten Generation sowie die Aussagen über Depressionen, Zurückgezogenheit, Apathie usw. eher auf die Zurückhaltung von politischem Engagement hin. Andererseits wird in der Fachliteratur angedeutet, daß Kinder von Überlebenden die grausamen Erfahrungen ihrer Eltern auch nutzen können, um sich politisch zu engagieren.

Barocas und Barocas (1979) beschreiben, daß viele Eltern signalisieren: „Sei still und dankbar für das, was du hast“, was aus der Angst vor Vergeltung durch feindlich gesinnte Autoritäten resultiere. Die Kinder seien immer ermahnt worden, mit ihrem Verhalten „nicht dem Faß den Boden auszuschlagen.“ Überlebende Eltern würden die Notwendigkeit, sich zu unterwerfen, um zu überleben, häufig betonen, was einen „masochistischen Lebensstil“ gefördert habe.

Auch Porter (1981) charakterisiert die erste Generation als politisch eher passiv und konservativ. Sie zeige auf zwei Gebieten politisches Engagement: Wenn es um das Schicksal des Staates Israel oder um die Notlage sowjetischer Juden gehe. Anders die zweite Generation: Die Kinder von Überlebenden hätten entdeckt, daß sie dem furchtbaren und sinnlosen Massensterben, das der Nationalsozialismus verursachte, einen Sinn geben müssen. Kestenberg (1982a) stellt heraus, daß die gleiche Ursache, die bei Nachkommen Überlebender zu pathologischen Symptomen führe, bei diesen auch sublimierend wirken könne. Sie könne den Antrieb geben, für andere zu sorgen, helfende Berufe auszuüben, soziales Bewußtsein zu erlangen, kreativ und aktiv zu sein. Der Wunsch, in der Vergangenheit der Eltern zu leben, den Holocaust ungeschehen zu machen, könne wohl pathogen sein, er könne aber auch das Verlangen hervorrufen, aus der Geschichte zu lernen, wie man ähnliches künftig verhindern kann.

Auch Savran und Fogelman (1979) sehen für Nachkommen Überlebender, die aufgehört hätten, gegen ihre jüdische Identität zu rebellieren, die Möglichkeit, Erfüllung im Ausdruck ihres Jüdischseins in Form von kommunalem, religiösem, kulturellem oder politischem Engagement zu finden. Man könne etwas über den Nationalsozialismus lernen oder lehren, seine Gefühle darüber im Schreiben, in Filmen, in der bildenden Kunst, in der Musik oder im Tanz ausdrücken. Am bedeutsamsten sei für viele deren Engagement in bezug auf den Staat Israel gewesen, auch habe die Unterstützung von Minoritäten oder der Kampf gegen jegliche Form des Rassismus eine wichtige Rolle gespielt, desgleichen die Gründung von Organisationen von Nachkommen Überlebender in den USA. Problematisch erscheint politisches Engagement, das keiner bewußten, selbständigen Entscheidung, sondern einem *Zwang* entspringt, z. B. die Eltern und verlorenen Verwandten zu rächen (vgl. auch Newman, 1979). Barocas und Barocas (1979; 1980) weisen in diesem Zusammenhang auf Beobachtungen an jungen Israelis hin, deren Nationalcharakter in der Entschlossenheit begründet zu sein scheine, nicht das zu tun, was europäische Juden getan hätten: bei ihrer eigenen

Vernichtung zu kooperieren. Da diese Personen von vornherein übersensibel seien, rufe selbst die leichteste Andeutung einer antisemitischen Äußerung in ihnen eine unverhältnismäßige Wut hervor.

Der Anspruch an politisches Engagement, die politische Haltung selbst und auch die Umsetzung dieser Haltung in praktisches Handeln sind bei der zweiten Generation in der *Bundesrepublik Deutschland* auf besondere Art und Weise von der nationalsozialistischen Verfolgung geprägt. Auf der einen Seite ist die Motivation, auf die politische Realität der bundesrepublikanischen Gesellschaft Einfluß zu nehmen, durchaus groß. Begünstigt wird dies durch eine hohe Sensibilität, was Ungerechtigkeiten überhaupt betrifft. Dazu mag auch der Wunsch von Nachkommen Überlebender beitragen, sich mehr und „rechtzeitig" zur Wehr zu setzen, als dies bei vielen Opfern der nationalsozialistischen Judenverfolgung der Fall war. Auf der anderen Seite gerät diese Haltung zum Teil in Widerspruch zu dem Gefühl, sich nicht für eine Gesellschaft einsetzen zu wollen, die noch immer „das Land der Mörder" ist, dies insbesondere, wenn es sich um allgemeingesellschaftliche Anliegen wie beispielsweise die Friedensbewegung handelt. Antisemitische Vorfälle der letzten Jahre haben dieses Unbehagen verstärkt. So zeigen alle Interviewten kein oder wenig allgemeingesellschaftliches Engagement, während der Staat Israel oder die Lebenssituation von Juden in der Bundesrepublik jeweils besonderes Interesse auf sich zieht.

*Judith B.* kritisiert zwar die Haltung ihrer Eltern, bundesrepublikanische Regierungen nur dahingehend zu bewerten, ob diese „gut für Israel" oder „gut für uns Juden" seien, doch wird letztlich evident, daß Judith dem „schlechten Beispiel" ihrer Eltern folgt. Sie drückt sehr deutlich ihre Affinität zum Jüdischen Staat und zu den Israelis aus, während ihr Interesse für politische Auseinandersetzungen in der BRD nur ein beiläufiges ist. Sie fühlt sich nicht verantwortlich genug, empfindet ihr Leben in der Bundesrepublik nur als „Übergangszeit".

Auch *Reinhard L.* zeigt heute nur geringe politische Aktivitäten. Eine Besonderheit ist, daß er in seiner Jugend politisch aktiv *war.* So folgte er in gewisser Weise dem Beispiel seiner Mutter – die in der Kommunistischen Partei war –, indem er sich z. B. in seiner Schulzeit parteipolitisch engagierte, doch seine Erfahrungen führten auch ihn letztlich in die politische Isolation. Ein Engagement in der Jüdischen Gemeinde scheiterte an seiner für die Mehrheit der Gemeindemitglieder zu „anti-israelischen" Haltung. Weitere Entfremdung entstand ihm aus der Enttäuschung über die bundesrepublikanische Linke.

Die Tragik dieser Ereignisse für Reinhard wird offenbar, als er von seinem Traum spricht, eben doch *Israel* als das Land zu sehen, in dem sein Engagement sinnvoll und lohnend sein könnte. So lähmt ihn die Angst vor Kompromissen, die Angst, in Organisationen unterzugehen und nicht selbständig und mit kritischem Bewußtsein handeln zu können. Für einen *deutschen* Staat kann er nicht kämpfen.

*Identitätsaspekte*

Zahlreiche Untersuchungen beschreiben die Schwierigkeiten von Kindern Überlebender, eine eigene Identität zu erlangen (Schneider, 1981). Sie könnten nicht ihr eigenes Leben leben (M. S. Bergmann, 1982). Sie hätten häufig das Gefühl, nur ein „Ersatzleben" (Rustin und Lipsig, 1972) oder ein „Leben in der Vergangenheit" (Kestenberg, 1982b) zu führen. Sie identifizierten sich mit ihren Eltern und teilten deren Überlebensschuld. Die Verschmelzung der kindlichen Gegenwart mit der elterlichen Vergangenheit führe so zu einer „doppelten Realität" (M. V. Bermann, 1982), die die Anpassungsleistungen an die Realität des gegenwärtigen Lebens stark beeinträchtige. Newman (1979) weist darauf hin, daß sich Überlebende und ihre Kinder gar in Rivalität um das stärkere Leiden begeben können.

In den USA befänden sich Nachkommen Überlebender im Konflikt zwischen amerikanischer und jüdischer Identität (Fogelman und Savran, 1979b), während dies in Israel, dem „eigenen Land", nicht der Fall sei (vgl. Schneider, 1981).

In der *Bundesrepublik Deutschland* erweist sich dieses Problem als noch prekärer. Die Konfusion, in einer Zerrissenheit zwischen deutscher und jüdischer und einer Identität der Verfolgung die *eigene* Identität zu suchen, zeigt sich sehr eindringlich im Fall von Reinhard L. Schon in seinem Namen deutet sich dieser Konflikt an: Sein hebräischer Name Jakob weist über seinen Großvater zum Judentum, aber auch zur nationalsozialistischen Judenvernichtung; der russische Name Iljitsch, den er sich selbst gegeben hat, deutet auf das Herkunftsland seiner Eltern; sein deutscher Vorname Reinhard weist auf eine – ihm unliebsame – Verbindung zu Deutschland. So hängt er seinem Namen ein ‚o' an, um ihn italienisch klingen zu lassen. Die

Aussichtslosigkeit dieses Versuchs erkennt er selbst. „Klar denken, das eigentlich auch ausdrücken, was ich so fühle oder wie ich im Moment bin, das kann ich eigentlich nur noch im Deutschen."

Reinhard möchte kämpfen, und dazu gehören Hoffnung und Lebenslust. Auf ihm aber lastet eine Schwere, er hat Angst, in die Zukunft zu sehen, „mein Leben ist eigentlich so'n Dahinvegetieren". Ihm bleibt die „Identität der Verfolgung", die „ganze Vergangenheit", die Geschichte, „das hab' ich dann halt in mir drin".

Einerseits verleiht ihm diese Identität eine gewisse Stärke. Reinhard erfährt sich als „etwas Besonderes", als sensibler gegenüber Ungerechtigkeiten, Verfolgungen und Unterdrückung. Seine Eltern hätten „gebückt oder so gebeugt" vor den deutschen Behörden gestanden, während er gegenüber Behörden selbstsicher auftrete. „Mich werden sie [die Deutschen] so nicht, auf so 'ne leichte Art zumindest nicht, kriegen." Auf der anderen Seite wird Reinhards Getriebensein deutlich, bei dem es beinahe nur noch um ein *Über*-Leben geht. In Europa möchte er „bestehen". Kompromisse kann er kaum eingehen, kann nicht zugeben, wenn er im Unrecht ist. Mit anderen Menschen sei Vorsicht geboten, er muß „immer erst Bescheid wissen". Manchmal „spinne" er: Dann greift er ihm nahestehende Leute „in ihrem Deutschsein" an. Mit schweißnassen Händen berichtet Reinhard, daß er manchmal morgens aufwache und feststelle, es sei zu spät, daß er eingeschlossen sei, keine Chance mehr habe zu reagieren. Gelegentlich gehe er auch zum Fenster und schaue, ob sich etwas verändert habe, ob man in einer „Nacht- und Nebelaktion" übermannt worden sei, daß es zur Flucht für ihn zu spät sei. „Plötzlich sind dann irgendwelche Leute da und – zack! Hast keine Chance mehr. Und dann, dann mach' mal was."

Auch Judith B. ist nicht nur die durch ihre jüdische Identität gestärkte, robuste, wenig anfällige und gegenüber dem Leiden anderer Menschen besonders sensible Frau; sie ist zugleich geplagt von Panikgefühlen, „wahnsinniger Angst" und „wahnsinnigem Mitgefühl" mit ihren Eltern oder anderen Verfolgten. Sie fühlt sich „verfolgt" von der Verständnislosigkeit und Unsensibilität anderer und fürchtet sich sehr davor, in der Bundesrepublik als Jüdin aufzufallen. Angst bereiten ihr auch Schuldgefühle gegenüber ihrem Sohn, der sie einmal fragen könnte, warum *sie in Deutschland geblieben sei.*

So zeigt sich denn bei allen Interviewten eine sehr ausgeprägte jüdische Identität, die häufig zur „Identität der Verfolgten" wird. Eine solch starke Identifikation mit den Überlebenden macht es schwer oder unmöglich, Delegationen von seiten der Eltern als solche zu erkennen. Die Folge sind Angstzustände und teils paranoide Verfolgungsphantasien, die ihrerseits eine differenzierte Wahrnehmung der realen Geschehnisse erschweren oder unmöglich machen. Immer wieder stellt sich die bohrende Frage, wie sie mit diesen Problemen gerade in *Deutschland* leben können. So wird in der Zerrissenheit zwischen deutscher und jüdischer und der „Identität der Verfolgten" die *eigene* Identität gesucht. Deutsche „Normalität" unterstützt diese Suche gewiß nicht. Vielmehr läßt sie die Folgen nationalsozialistischer Verfolgung in der dritten Generation erwarten.

## Anmerkungen

[1] Judith S. Kestenberg (mündliche Mitteilung 1986) bezweifelt diese Aussage. Sie meint, es sei bei tatsächlichen Vernachlässigungen durch die Eltern schwer vorstellbar, daß solche Kinder im Erwachsenenalter soziale, helfende Berufe ergriffen. Dies sei jedoch bei Nachkommen Überlebender sehr häufig der Fall.

[2] In diesem Zusammenhang ist auf den sexuellen Mißbrauch von Frauen in Konzentrationslagern hinzuweisen, der für sie oftmals die erste sexuelle Erfahrung darstellte.

## Bibliographie


Améry, J. (1980): Jenseits von Schuld und Sühne. Bewältigungsversuche eines Überwältigten. Stuttgart (Klett-Cotta)

Barocas, H. A. und C. B. Barocas (1979): Wounds of the fathers: the next generation of holocaust victims. Int. Rev. Psycho-Anal., 6, 331–340

– (1980): Separation individuation conflicts in children of holocaust survivors. J. Contemp. Psychother., 1, 11, 6–14

Bergmann, M. V. (1982): Thoughts on superego pathology of survivors and their children. In: M. S. Bergmann und M. E. Jucovy (Hg.) (1982), 287–309

Bergmann, M. S. (1982): Recurrent problems in the treatment of survivors and their children. In: M. S. Bergmann und M. E. Jucovy (Hg.) (1982), 247–266

–, und M. E. Jucovy (Hg.) (1982): Generations of the Holocaust. New York (Basic Books)

Broder, H. M. (1980): Danke schön. Bis hierher und nicht weiter. Hamburg (Konkret Literatur Verlag)

– (1981): Ihr bleibt die Kinder eurer Eltern. In: Die Zeit, Nr. 10, 27. 2. 1981, 9–11

Der Spiegel, Nr. 6 (1986): „Nur politische Macht im Sinn", 26–27

Dominik, M. und A. Teutsch (1978): Neurosen bei der Nachkommenschaft ehemaliger Konzentrationslagerhäftlinge. Mitteilungen der Internationalen Föderation der Widerstandskämpfer (FIR) zu medizinischen, sozialen und Rechtsfragen, Nr. 15

Fassbinder, R. W. (1984): Die bitteren Tränen der Petra von Kant. Der Müll, die Stadt und der Tod. 2 Stücke. Frankfurt (Verlag der Autoren)

Fogelman, E., und B. Savran (1979a): siehe B. Savran und E. Fogelman (1979)

– (1979b): Therapeutic groups for children of holocaust survivors. Int. J. Group Psychother., 29, 211–235

Freyberg, J. T. (1980): Difficulties in separation – individuation as experienced by offspring of nazi holocaust survivors. Am. J. Orthopsychiatry, 50, 87–95

Grubrich-Simitis, I. (1979): Extremtraumatisierung als kumulatives Trauma. Psychoanalytische Studien über seelische Nachwirkungen der Konzentrationslagerhaft bei Überlebenden und ihren Kindern. Psyche, 33, 991–1023

Grünberg, K. (1983): Folgen nationalsozialistischer Verfolgung bei Kindern von Überlebenden / Juden in der BRD. Unveröffentlichte Diplomarbeit am Fachbereich Psychologie der Philipps-Universität, Marburg

Kaminer, I. (1983): Die Expertenstellungnahme von I. Kaminer zum Interview mit Reinhard L. vom 29. 4. 1983. In: K. Grünberg (1983), XX – XXIII
Kestenberg, J. S. (1980): Psychoanalyses of children of survivors from the holocaust: case presentations and assessment. J. Am. Psa. Ass., 28, 775 – 804
– (1982a): Survivor-parents and their children. In: M. S. Bergmann und M. E. Jucovy (Hg.) (1982), 83 – 102
– (1982b): A metapsychological assessment based on an analysis of a survivor's child. In: M. S. Bergmann und M. E. Jucovy (Hg.) (1982), 137 – 158
Krell, R. (1979): Holocaust families: the survivors and their children. Comprehensive Psychiatry, 25, 521 – 528
Nadler, A., S. Kav-Venaki und B. Gleitman (1985): Transgenerational effects of the holocaust: externalization of aggression in second generation of holocaust survivors. J. Consulting and Clinical Psychol., 53, 365 – 369
Newman, L. (1979): Emotional disturbance in children of holocaust survivors. Social Casework: The Journal of Contemporary Social Work, 60, 43 – 50
Niederland, W. G. (1961): The problem of the survivor. Part I: Some remarks on the psychiatric evaluation of emotional disorders in survivors of nazi persecution. J. Hillside Hospital, 10, 233 – 247
Oliner, M. M. (1982): Hysterical features among children of survivors. In: M. S. Bergmann und M. E. Jucovy (Hg.)(1982), 267 – 286
Phillips, R. E. (1978): Impact of nazi holocaust on children of survivors. Am. J. Psychother., 32, 370 – 378
Porter, J. N. (1981): Is there a survivor's syndrome? Psychological and socio-political implications. J. Psychology and Judaism, 6, 33 – 52
Rakoff, V., J. J. Sigal und N. B. Epstein (1966): Children and families of concentration camp survivors. Canada's Mental Health, 14, 24 – 26
Russell, A. (1974): Late psychosocial consequences in concentration camp survivor families. Int. J. Orthopsychiatry, 44, 611 – 619
Rustin, S. L., und F. S. Lipsig (1972): Psychotherapy with the adolescent children of concentration camp survivors. J. Contemp. Psychother., 4, 87 – 94
Savran, B., und E. Fogelman(1979): Psychological issues on the lives of children of holocaust survivors: the children as adults. In: L. Y. Steinitz and D. M. Szonyi (Hg.) (1979): Living after the Holocaust: Reflections by Children of Survivors in America. New York (Bloch)
Schneider, S. (1981): Proposal for treating adolescent offspring of holocaust survivors. J. Psychology and Judaism, 6, 68 – 76
Sigal, J. J., D. Silver, V. Rakoff und B. Ellin (1973): Some second-generation effects of survival of the nazi persecution. Am. J. Orthopsychiatry, 43, 320-327
Slipp, S. (1979): The children of survivors of nazi concentration camps: a pilot study of the intergenerational transmission of psychic trauma. In: L. Wolberg und M. Aronson (Hg.) (1979): Group Therapy: An Overview 1979. New York (I.U.P.), 197 – 204
Stuttgarter Zeitung, 11. 1. 1986: „Fellner sucht Gespräch mit Nachmann"
Trossman, B. (1968): Adolescent children of concentration camp survivors. Canadian Psychiatric Ass. J., 12, 121 – 123
Wetzel, D. (Hg.)(1983): Die Verlängerung von Geschichte. Deutsche, Juden und der Palästinakonflikt. Frankfurt (Neue Kritik)

# Politik und kollektive Erinnerung

**Salomon Korn**

# Der Börneplatz in Frankfurt a. M.

## Die Moral des Ortes*

Im Jahre 1984 planen die Stadtwerke Frankfurt a. M. die Errichtung eines Kundenzentrums auf dem Börneplatz, dem früheren Judenmarkt, am südlichen Ende des vor etwa einhundert Jahren abgebrochenen Ghettos. Ohne die Jüdische Gemeinde und die Kirchheimsche Stiftung vorher zu konsultieren oder im nachhinein davon zu unterrichten, wird die Bebauung des Börneplatzes beschlossen und ein Architektenwettbewerb in den Frankfurter Tageszeitungen angekündigt.

Im Juli 1984 macht die Kirchheimsche Stiftung den für den Wettbewerb verantwortlichen Stadtplanungsdezernenten auf die früheren Forderungen von Dr. Paul Arnsberg aufmerksam, am Börneplatz eine würdige Gedenkstätte für die etwa 10 000 in KZs deportierten Frankfurter Juden, die zerstörte Synagoge und ein Denkmal für Ludwig Börne zu errichten und dies als verbindliche Vorgaben in den Ausschreibungstext aufzunehmen. Trotz der Zusage des Dezernenten, diesen Teil des Ausschreibungstextes mit der Stiftung und der Jüdischen Gemeinde abzustimmen, wird der Wettbewerb – inzwischen auf ein Gutachterverfahren mit sieben eingeladenen Architekten reduziert – ausgeschrieben. Weder die Jüdische Gemeinde noch die Stiftung werden zu dem Mitte November 1984 stattfindenden Kolloquium mit den Architekten eingeladen. So tritt die absurde Situation ein, daß Stadtplanungsamt und Stadtwerke die im – damals weder der Gemeinde noch der Stiftung bekannten – Ausschreibungstext erwähnten „Belange der Jüdischen Gemeinde“ gegenüber den anwesenden Architekten vertreten – ein Akt der Entmündigung!

Während die jüdische Gemeinde im Januar 1985 ihre Teilnahme am Wettbewerbsverfahren mit der Begründung ablehnt, sie sei bei

---

* Vortrag, gehalten am 5. 12. 1987 beim Deutschen Werkbund in Frankfurt a.M.

der konzeptionellen Gestaltung des Börneplatzes bisher nicht gehört worden, nimmt die Kirchheimsche Stiftung zur Wahrung verbliebener Einflußmöglichkeiten am Preisgericht teil; die Einladung zum Preisgericht muß die Stiftung allerdings erst nach einigen Initiativen erwirken, obwohl der Stadtplanungsdezernent dies noch im Juli 1984 zugesagt hatte.

Bei der abschließenden Preisgerichtssitzung erklärt die Kirchheimsche Stiftung, lediglich die Arbeit von Ernst Gisel, Zürich, enthalte Ansätze, die bei gründlicher Prüfung zu einem befriedigenden Ergebnis führen könnten. Um den durch das Kundenzentrum der Stadtwerke bebauten Börneplatz an benachbarter Stelle wenigstens teilweise neu entstehen zu lassen, sei es zur Gewinnung der notwendigen Freiflächen unabdingbar, auf einen Teil der geplanten Bebauung zu verzichten. Auf diesem neu zu schaffenden Börneplatz sollten die Gedenkstätte für die in Konzentrationslager deportierten Frankfurter Juden, das Mahnmal für die zerstörten ehemaligen Synagogen am Börneplatz und in der Börnestraße (frühere Judengasse) und ein Denkmal für Ludwig Börne zu einer künstlerischen Einheit verschmolzen werden. Der damalige Oberbürgermeister Dr. Wallmann akzeptierte diese Vorschläge.

Im November 1986 erklärt sein Nachfolger, Oberbürgermeister Brück, die Bereitschaft der Stadt, einen bundesweit offenen Architekten- und Künstlerwettbewerb zur Erlangung von Vorschlägen für die geplante Gedenkstätte auszuschreiben.

Im Frühjahr 1987 wird bei den die Ausschachtung des Baugrundstückes begleitenden archäologischen Ausgrabungsarbeiten der Keller des 1717 erbauten „Steinernen Hauses“ freigelegt; unter dem Keller entdecken die Archäologen ein jüdisches Ritualbad, eine Mikwe, aus dem Jahre 1462. Während Diskussionen entbrennen, ob die Mikwe am Ort verbleiben oder in das geplante Jüdische Museum zu dislozieren sei, werden weitere Kellerreste der ehemaligen Judengasse freigelegt.

Nach mehreren Gesprächen zwischen Stadt und Jüdischer Gemeinde sowie Protesten von Bürgerinitiativen entschließt sich die Stadt, fünf Kellerreste, einschließlich „Steinernes Haus“ und Mikwe, am Ort zu erhalten und in das geplante Kundenzentrum der Stadtwerke zu integrieren. Wegen der Eichenbalkenlagen unter den Kellerfunden, argumentiert die Stadt anhand eines statischen Gutachtens, müßten jedoch alle Keller erst abgebaut werden, um dann die fünf für die Erhaltung vorgesehenen an Ort und Stelle wieder aufzubauen.

Am 28. August 1987 besetzen dreißig Demonstranten der „Initiative Börneplatz“ das inzwischen auf siebzehn freigelegte Kellerreste angewachsene Grabungsfeld. Fünf Tage später, am 2. September 1987, räumen zwei Hundertschaften der Polizei das Gelände von etwa vierzig Besetzern. Der Bauplatz wird mit einer drei Meter hohen Stahlspundwand hermetisch abgeriegelt.

Die wochenlang anhaltende Diskussion um die geschichtliche Bedeutung der Funde am Börneplatz wird im September 1987 von Hessens Ministerpräsident Wallmann und Frankfurts Oberbürgermeister Brück durch neue Thesen bereichert und zugespitzt.

Ihre wichtigsten Argumente lauten in aller Kürze:

- Die Verfaßtheit des christlich-mittelalterlichen Staates habe kein anderes Handeln der damaligen christlichen Bürger gegenüber Juden zugelassen, als sie zu unterdrücken.
- Das Ghetto habe für die Juden eine Schutzfunktion erfüllt.
- Das Ghetto sei kein Anlaß zur Scham.
- Es führe kein gerader Weg vom Ghetto nach Auschwitz.[1]

Liest man die letzte Behauptung – es führe kein *gerader* Weg vom Ghetto nach Auschwitz – aufmerksam, so ist festzustellen, daß ein historischer Zusammenhang zwischen Ghetto und Völkermord an den Juden nicht geleugnet wird. Über den Grad, wie verschlungen der geschichtliche Weg vom Ghetto nach Auschwitz gewesen sein mag, kann man lange streiten.

Zu der Feststellung, das Ghetto sein kein Anlaß zur Scham, ist anzumerken, daß man niemandem Gefühle vorschreiben sollte. Es muß dem einzelnen überlassen bleiben, ob er meint, sich nach über 150 Jahren für Dinge schämen zu müssen, für die er keine persönliche Verantwortung trägt – wie überhaupt Gefühle wie Scham, Schuld oder Stolz schlechte Ratgeber beim Versuch unvoreingenommener Geschichtsbetrachtung sind. Sie führen leicht zu einer zielgerichteten und zweckbestimmten historischen Sichtweise, die – wenn von politischem Kalkül geleitet – schon zu Beginn das rechtfertigende Ergebnis kennt.

Wie aber steht es um die Plausibilität der beiden Argumente
– von der „Verfaßtheit des christlich-mittelalterlichen Staates“
– und vom Ghetto als Schutz?

Wer nämlich akzeptiert, daß die „Verfaßtheit des christlich-mittelalterlichen Staates“ den damaligen Menschen nur offenließ, Andersgläubige zu unterdrücken, der kommt natürlich zu einer anderen Behandlung der Funde als derjenige, der diese „Verfaßtheit“ nicht aus der Geschichte erkennen kann. – Und wer das mittelalterliche Ghetto primär als Zufluchtsort und Schutz für damals verfolgte Juden aus Deutschland betrachtet, der zieht sowohl für dessen Bedeutung als auch für die weitere Behandlung der Ghettoreste andere Schlüsse als der, für den die Judengasse Symbol der Ausgrenzung, Erniedrigung und Unterdrückung ist.

Wofür sprechen die überlieferten geschichtlichen Fakten? Und welche Schlußfolgerungen erwachsen aus ihnen?

Die erste urkundliche Nachricht einer jüdischen Ansiedlung im Deutschen Reich stammt aus dem Jahre 321 und betrifft die jüdische Gemeinde in Köln. Auch wenn die Lage der Juden als religiöse Minderheit nie ungefährdet war, gab es bis Ende des 11. Jahrhunderts keine Konflikte zwischen Christen und Juden, die den Status der letzteren grundsätzlich gefährdet hätten. Karl der Große und Ludwig der Fromme (814 – 840) sicherten im 9. Jahrhundert den von ihnen aufgenommenen Juden den Schutz ihres Lebens, ihrer Ehre, ihrer Religionsausübung und ihres Eigentums zu und gewährten ihnen Freiheit des Handels. Einen erkennbaren wirtschaftlichen Gegensatz zwischen Juden und Christen gab es nicht. Wie alle anderen waren die Juden Ackerbürger, Kaufleute, Handwerker und Ärzte. Sie besaßen Häuser, Gärten und Weinberge.[2]

Die Wende kam mit den Kreuzzügen im Jahre 1096. In ihrem Gefolge fanden Tausende von Juden den Tod – wurden ganze Gemeinden ausgelöscht und die Grundlagen des tiefen Hasses der Nichtjuden gegen die Juden geschaffen.

Frankfurt scheint von diesen Ereignisen verschont geblieben zu sein. Zumindest berichten die Quellen nichts darüber. Die zunehmende Bedeutung als Handelsplatz – auch infolge der Kreuzzüge – hat wahrscheinlich um 1150 Juden nach Frankfurt geführt. Bemerkenswert ist ihre rechtliche, wirtschaftliche und soziale Lage zwischen dem 12. und 14. Jahrhundert. Zwar konnten die Juden in Frankfurt, im Unterschied zur christlichen Bürgerschaft, keine politischen Ämter bekleiden, sonst aber durften sie sich Bürger nennen, ihren Wohnsitz nach Belieben wählen, Grundeigentum erwerben und jedes Geschäft betreiben, sofern es nicht Interessen der Zünfte berührte.[3]

Wegen der günstigen Lage zu den Warenumschlagplätzen am Main und zum Markt der Stadt wohnten die meisten Juden südlich des Doms, vorwiegend entlang der Saalgasse, am Weckmarkt, in der

Fischer- und Fahrgasse. Das Synagogengrundstück gegenüber dem Dom neben dem Leinwandhaus hatten die Juden vom Kloster der Weißen Frauen gegen Zins gepachtet, was auf ein auskömmliches Verhältnis zwischen Christen und Juden hindeutet.

1241 kommt es zur ersten, 1349 zur zweiten sogenannten Judenschlacht, denen jeweils die gesamte Jüdische Gemeinde – etwa 200 Menschen – zum Opfer fällt.

Als 1360 wieder Juden in der Stadt siedeln, geschieht dies unter veränderten rechtlichen Voraussetzungen. Bis zur zweiten Judenschlacht wurden sie als Bürger der Stadt in die Bürgerlisten eingetragen; dies entfällt ab jetzt. Das Bürgerrecht erhält nach 1360 eine neue Qualität: Der Rat der Stadt Frankfurt schließt mit jedem einzelnen neu hinzuziehenden Juden einen Schutzvertrag ab, die sogenannte Stättigkeit. In ihr werden festgelegt:

– die Bestimmungen, unter denen der Jude in Frankfurt siedeln darf,
– die Dauer des Aufenthaltsrechtes,
– die Höhe der Steuern und Abgaben.[4]

Ab 1424 faßt der Rat die zunehmend diskriminierenden Einzelstättigkeiten zu einer allgemeinen Stättigkeit zusammen, die nun für alle Juden Geltung hat.

An dieser Stelle möchte ich folgendes feststellen: Wir haben gesehen, daß die Juden im Deutschen Reich etwa ein Jahrtausend einen Status innehatten, den man als „passives Bürgertum" umschreiben könnte. Weder im Handel, im Aussiedlungs-, noch im Waffenrecht unterlagen sie den drückenden Bestimmungen späterer Jahrhunderte. Einschränkungen widerfuhren ihnen im wesentlichen bei politischen Ämtern, sonst aber lebten sie von den Christen geduldet und respektiert im gesamten Deutschen Reich.

Die Behauptung, der christliche Staat hätte von seinem Selbstverständnis her Andersgläubige nur als Unterdrückte behandeln können, widerspricht sowohl der deutschen als auch der Frankfurter Geschichte bis ins hohe Mittelalter. Auf welche geschichtlichen Quellen die Behauptung von der „Verfaßtheit des christlichen Staates" sich stützt, bleibt unerfindlich. Bis zum Beweis des Gegenteils muß der christliche Staat – zumindest für die Zeit bis Ende des 11. Jahrhunderts, die Stadt Frankfurt am Main bis Mitte des 14. Jahrhunderts – vor solchen Behauptungen geschützt werden.

Nun zu der Frage, ob das Ghetto eine Schutzfunktion für die Juden erfüllt hat. Im Jahre 1432 werden in Frankfurt erstmals Pläne zur Errichtung eines Ghettos erörtert. Ausschlaggebend für diese Überlegungen ist die Handelseifersucht christlicher Krämer und Kaufleute auf die Verkaufsbuden und -stände der Juden in unmittelbarer Nähe des Doms. Bei seinen Besuchen in Frankfurt 1442 und 1458 fordert Kaiser Friedrich III. in seiner frommkirchlichen Gesinnung vom Rat der Stadt die Versetzung der Juden in einen anderen Stadtteil; die Nähe der Synagoge zum Dom führe zu Störungen des christlichen Gottesdienstes, und die Juden könnten die Gläubigen bei ihrem Gang zur Kirche beobachten. Außerdem hatte das Konzil von Basel 1436 die strenge Trennung von Juden und Christen in verschiedenen Stadtteilen gefordert, möglichst weit von Kirchen entfernt.

Nachdem judenfeindliche Stimmungen in der Stadt zunehmen – die Juden werden in den städtischen Akten dieser Zeit als „Hundsjuden" bezeichnet – entscheidet 1460 der Rat, die Juden in einem Ghetto außerhalb der damaligen Stadtmauer, am Wollgraben, im nördlichen Teil des Fischerfeldes, anzusiedeln. Die Juden bieten zunächst an, die Fenster und Türen ihrer Synagoge und des Gemeindehauses zu vermauern, nur noch einen Eingang zur Fischergasse hin zu benutzen, das gesamte Areal mit einer Mauer zu umgeben und alle sonstigen baulichen Forderungen des Rates zu erfüllen; sie sprechen sich gegen den Wollgraben aus, da sie dort – vor der Stadtmauer – Dieben, Mördern und dem Feuer *schutzlos*(!) ausgeliefert seien. Vergeblich: 1460 bis 1462 wird auf Kosten der Stadt das Ghetto eingerichtet: elf Häuser, ein Tanzhaus, ein Hospital, zwei Wirtshäuser, ein Gemeindehaus, ein Kaltes Bad (das kürzlich aufgefundene) und eine Synagoge.

Drei Tore schließen nachts die neue Ansiedlung – „Neu-Ägypten", wie sie spöttisch im Volksmund genannt wurde – von der Stadt ab: Die Folgen der erzwungenen Absperrung zeigen sich bei den Juden in einem wachsenden Mangel an Würde, fehlendem Selbstbewußtsein, zunehmenden Mißhandlungen in der Stadt und Streitereien mit christlichen, ans Ghetto angrenzenden Nachbarn. Wie tief die Juden im Ansehen der Frankfurter Bürger gesunken sind, ist nicht nur daran abzulesen, daß der Rat einige Frankfurter wiederholt ermahnen muß, ihr Vieh und gelegentlich auch ihre Schweine nicht durch die am Tage offene Judengasse zu treiben. Es läßt sich auch an der Stättigkeit von 1480 ablesen, in der den Juden bei Strafe untersagt wird, sich Bürger der Stadt Frankfurt am Main zu nennen; lediglich die Bezeichnung „Schutzbefohlene eines ehrenwerten Rates" ist ihnen gestattet.

Etwa um diese Zeit läßt der Rat im Brückenturm auf der Frankfurter Seite der Alten Brücke ein Schmäh- und Spottbild anbringen: Es zeigt, wie Juden auf einer kotfressenden Sau reiten, deren Exkremente essen, an ihren Zitzen saugen; daneben steht der Teufel und beobachtet dieses Treiben.

Diese, seit dem 13. Jahrhundert in Kirchen und öffentlichen Gebäuden vorhandenen Judensau-Darstellungen – sie kommen außerhalb Deutschlands nicht vor – haben durch ihre Projektionsmöglichkeiten elementarster Triebe, verbotener Gelüste und unterdrückter Perversionen das Zerrbild vom Juden über ein breites sexuelles Spektrum tief und nachhaltig in der Volksseele verankern können (der Ausdruck vom „Saujuden" reicht bis in unsere Zeit herüber). So konnten sich Frankfurter und Besucher der Stadt der beruhigenden Gewißheit hingeben, daß zwischen Ghettomauern keine Menschen wohnten, sondern Abkömmlinge von Tieren hausten. Von hier aus ist ihre Einschätzung als Schädlinge, Ungeziefer und Ratten nicht allzuweit entfernt – und als solche sind sie später in Hetzblättern und Propagandafilmen der Nationalsozialisten dargestellt worden.[5]

Der Rat hat nie gezögert, den Juden seinen Willen aufzuzwingen. Als die Juden 1494 sich weigern, im Rahmen der Krönungsfeierlichkeiten für Maximilian I. 1000 Gulden an die Stadt zu zahlen, sperrt der Rat die gesamte Gemeinde – ungefähr 100 Personen – kurzerhand ins Gefängnis, bis die Summe gezahlt wird.

Als judenfeindliche Strömungen in der Stadt sich verstärken, verlängert der Rat 1508 die Stättigkeit nur noch von Jahr zu Jahr, so daß die Juden um ihren Verbleib in Frankfurt zu fürchten beginnen.

Auch wenn wirtschaftliche Überlegungen den Rat schließlich davon abhalten, die Juden zu vertreiben, bleibt ihre Lage weiterhin unsicher. 1612 bricht der Fettmilch-Aufstand aus, benannt nach seinem Anführer, Vincenz Fettmilch. Die Judenfrage war nicht primär die Ursache dieser revolutionären, gegen den Rat gerichteten Bewegung, sondern dessen undemokratische und korrupte Politik. Von 42 Ratsstellen besaßen die Zünfte nur 13, die übrigen Sitze gehörten den Patriziern der Stadt, vornehmlich den Limburgern (25 Ratsstellen von 29). Städtische Gelder wurden verschleudert, Feste und Schmausereien auf Kosten des Steuerzahlers veranstaltet und Mißwirtschaft – ohne Kontrolle des Finanzwesens durch die Bürger – betrieben. Die Gerichte standen im Rufe schlimmster Parteilichkeit und Bestechlichkeit.

Durch hohe Lebenshaltungskosten und drückende Steuerlasten nahm ein großer Teil der Handwerker und übrigen Bürger häufig Geld zu höheren Zinsen bei Juden auf, um nicht in die städtischen Schuldnerlisten eingetragen zu werden; dies hätte ihrer Kreditwürdigkeit geschadet. Der Rat aber konnte auf diese Weise nicht nur die Bürgerschaft, sondern auch die z. T. von der Verschuldung der Bürger lebenden Juden kräftig besteuern.

Da die Wut der Aufständischen sich somit auch gegen die Juden richtet, deren tragische Verwicklung in die Machenschaften des Rates in den Augen der Bürger nicht erkannt, sondern als Komplizenschaft gewertet wird, stürmt eine aufgebrachte Menge 1614 die Judengasse und plündert sie – allen voran Fettmilch und seine Familie – trotz bewaffneten Widerstandes der Juden. Zwei Juden werden getötet, Häuser demoliert, die Synagoge geschändet, Bücher verbrannt und noch die unbedeutendsten Gegenstände erbeutet. 1380 Juden werden unter Zurücklassung ihrer Habe am 23. August 1614 aus Frankfurt ausgewiesen. Die Mitglieder einer altehrwürdigen Gemeinde zerstreuen sich in alle Winde. Der auf dem jüdischen Friedhof weidende Gemeindeochse wird geschlachtet, der Friedhof soll eingeebnet werden. Die über Vincenz Fettmilch und seine Helfer von Kaiser Matthias verhängte Reichsacht und Fettmilchs anschließende Festnahme verhindern dieses Vorhaben.

Nach längeren Untersuchungen und Prozessen wird Fettmilch am 28. Februar 1616 auf dem Roßmarkt geköpft, nachdem ihm zuvor zwei Finger der rechten Schwurhand abgehackt wurden. Sein Körper wird gevierteilt, der Kopf auf eine eiserne Stange gesteckt und auf dem Brückenturm aufgerichtet. Am selben Tage werden die Juden feierlich in die Stadt aufgenommen. Auf kaiserlichen Befehl hin repariert der Rat in den folgenden Jahren die Häuser der Juden und erstattet oder ersetzt ihnen das gestohlene Gut (Verlust 175 900 Gulden). Zur Demonstration des kaiserlichen Schutzes werden an den Toren der Judengasse die Wappen der Habsburger befestigt.

Im kaiserlichen Auftrag tritt eine neue Stättigkeit in Kraft. Sie unterscheidet sich nur in wenigen Punkten von den bisherigen, bedrückenden Judenordnungen; die wesentliche Neuerung ist, daß der Rat die Stättigkeit nicht mehr einseitig aufkündigen kann; dieses Recht hat von nun an der Kaiser inne. Zu den wichtigsten Bestimmungen der Stättigkeit von 1616 zählte die Beschränkung der Haushalte auf 500; jährlich durften nur sechs fremde Juden unter schwierigsten Auflagen ins ohnehin enge Ghetto aufgenommen werden und nur zwölf Paare heiraten. Von 118 Paragraphen der Stättigkeit waren 115 diskriminierend oder erniedrigend.[6]

Die Judengasse war oft Schauplatz verheerender Brände, allein ein halbes dutzendmal im 18. Jahrhundert; 1711 brannte das Ghetto vollständig ab. Der wesentliche Grund für die häufigen Brandkatastrophen in der Judengasse lag in ihrer extrem engen Bauweise. In der zweiten Hälfte des 16. Jahrhunderts war im Ghetto als Folge eines vorübergehenden wirtschaftlichen Aufschwungs der Stadt Frankfurt die jüdische Bevölkerung stark angewachsen – von 32 Häusern im Jahre 1530 (200 Personen) auf 197 Häuser im Jahre 1610 (2700 Personen).

Wie war ein solches Wachstum möglich, da doch die Gasse nicht erweitert werden durfte? Neue Häuser wurden durch Teilung vorhandener geschaffen. Meist fand eine zwei- bis dreifache Teilung statt. Aus dem „Gülden Löw" mit seinem Hinterhaus entstanden durch Teilung sieben Häuser.

Da auch diese Teilungen dem Bedarf nicht genügten, wurden zu beiden Seiten der Gasse Hinterhäuser gebaut. Auf diese Weise entstand eine vierfache Reihe von Häusern. Als auch diese Maßnahmen sich als unzureichend erwiesen, erhöhte man die Zahl der Stockwerke und ließ die oberen weiter auskragen, bis sich die obersten Stockwerke fast berührten. Zusätzlich entstanden auf den Häusern Zwerchhäuser, große, mehrstöckige Aufbauten.

Gegen Ende des 16. Jahrhunderts erhält die Gasse das düstere und schmutzige Aussehen, dessentwegen sie später berüchtigt werden sollte. Die Zustände und Einrichtungen spotten jetzt allen Geboten der Hygiene:

- Durch die in den oberen Stockwerken zusammenwachsenden Häuser fällt wenig Sonnenlicht – und das nur ganz kurz am Tage – in die Gasse.
- Die Hinterhöfe sind, wie die Gasse selbst, feucht, finster und unsauber.
- In manchen Häusern fehlen Abtritte.
- Die Antauchen (Entwässerungskanäle für Fäkalien) sind bei ungenügender Bewässerung in einem widerlichen und ekelhaften Zustand.
- Aus nicht nachvollziehbaren Gründen verbietet der Rat der Stadt den Juden die Überwölbung der Antauchen.
- Die Gasse ist ein ständiger Herd ansteckender Krankheiten.

Wie hat ein zeitgenössischer Reisender des 18. Jahrhunderts diesen „Schutzort“ für Juden erlebt? Der Däne Jens Baggesen schreibt 1789 in *Das Labyrinth oder Reise durch Deutschland in die Schweiz*:

„Man stelle sich eine Sammlung von einigen tausend zerlumpten Männern, einigen tausend halbnackten Frauen und einigen tausend vollkommen nackten Kindern zusammengedrängt und zusammengepfercht in einer einzigen Gasse vor. Welch ein entsetzlicher Haufen Elend! Welch ein schwülwarmer Pestdunst von lebendigem, leblosem und totem Unflat! Aus Furcht, der Gestank könnte sich auf meinen Blättern verbreiten, aus Furcht, alle meine feinnervigen und zartsinnigen Leser könnten in Ohnmacht fallen, wage ich nicht, eine einzige dieser vielfältigen Gruppen von mageren und fetten, ausgezehrten und halbverrotteten Kindern Israels auszumalen, die auf den Treppen, in den Türen und auf der Straße wachend und schlafend standen, saßen und krochen, oder richtiger: wovon es in der ganzen Straße wie in einem Käse voller Milben zu kriechen schien.“

Als bei der Belagerung Frankfurts durch die Franzosen im Jahre 1796 das Ghetto in Brand geschossen wird, glauben viele Juden, ihrer Befreiung nahe zu sein. Doch die uneingeschränkte Gleichberechtigung erlangen die Juden erst unter französischer Besetzung Frankfurts im Jahre 1811 für eine Ablösesumme von 440 000 Gulden – allerdings nur für zwei Jahre bis zum Rückzug Napoleons. Artikel 8 des Emanzipationsediktes von 1811 gestattet den Juden, überall zu wohnen und sich ankaufen zu dürfen. Die Judengasse bildet kein besonderes Quartier mehr für sich, sondern soll an eines der 14 städtischen Quartiere angeschlossen werden. So hatte das Frankfurter Ghetto ein für allemal zu existieren aufgehört. Nach 350 Jahren war dieses Denkmal der Schmach und Erniedrigung endlich abgeschafft worden. Kracauer, der beste Kenner jüdischer Geschichte in Frankfurt am Main, schrieb 1927 dazu:

„Um die Notwendigkeit eines jüdischen Sonderquartiers zu beweisen, wird oft angeführt, daß es in Zeiten aufgeregter Volksleidenschaft seinen Insassen sicheren Schutz geboten habe. Aber wo blieb z. B. dieser angebliche, höchst fragwürdige Schutz während des Fettmilchschen Aufstandes? Und was wollte er im übrigen bedeuten gegenüber den unheilvollen Wirkungen auf Christen und Juden – denn den einen wie den anderen war das Ghetto verhängnisvoll geworden. Den Christen, weil die Knechtung anderer auch auf die Bedrücker entsittlichend wirkt, weil sie das Gefühl für Recht und Billigkeit abstumpft, wo nicht gar ertötet, weil sie Selbstsucht, Härte und Überhebung erzeugt!

Und den Juden erst? Wie hatte die Jahrhunderte währende Absperrung auf sie gewirkt! Sie hat ihre Sprache in einen abstoßenden Jargon verwandelt, sie war daran schuld, daß ihr Äußeres, ihre Haltung, ihr Benehmen nachlässig wurde, so daß sie unvorteilhaft von der christlichen Bevölkerung abstachen. Man lebte ja unter sich und hatte also keine Rücksichten auf eine fremde Welt zu nehmen.

Dazu kam noch die Schädigung in sittlicher Hinsicht, der Mangel an Selbstgefühl, die Gewöhnung an moralisch nicht immer einwandfreie Mittel, deren sich der Unterdrückte notgedrungen im Kampfe gegen den Unterdrücker zu bedienen pflegt.“ (*Geschichte der Juden in Frankfurt a. M.*, II, 1927, S. 417)

Erst 1864, im Jahr als Frankfurts Juden ihre volle rechtliche Gleichstellung erlangen, beginnt der endgültige Abriß der schon verfallenen Judengasse und zieht sich über zwanzig Jahre hin. Als letztes Haus wird gegen massiven Bürgerprotest jenes Steinerne Haus abgerissen, dessen Keller auf dem Börneplatz im Frühjahr 1987 als erster freigelegt worden war.

Dem Ghetto wäre eine vorrangige Schutzfunktion zugekommen, wenn bei seiner Einrichtung die Absicht des Schutzes im Vordergrund gestanden hätte. Gerade dies war nicht der Fall! Obwohl die Juden dem Rat anboten, ein Ghetto innerhalb der damaligen Stadtmauern zu errichten, nämlich eine Mauer um ihre Häuser zu ziehen, hat der Rat sie schutzlos vor die Stadtmauern gesetzt. Erst die Erweiterung der Frankfurter Stadtbefestigung, die viel später erfolgte, führte auch zu einem leidlichen Schutz der Judengasse. Nicht einmal der Rat der Stadt hat das Argument des Schutzes gebraucht. Es waren eindeutig religiöse, wirtschaftliche und für den Rat auch politische Erwägungen, die besten Grundstücke der Stadt in seine Hand zu bekommen.

Daß das Ghetto unter allen menschenunwürdigen Umständen auch Schutz bot, war nicht Grund seiner Errichtung und primär auch nicht beabsichtigt. Diesen „Schutz“, der ein zufälliges Abfallprodukt des erniedrigenden Ghettos war, in den Vordergrund zu stellen und ihn sozusagen rechtfertigend herauszuheben, heißt, Geschichte und Funktion der Judengasse zu verkennen und zu verharmlosen.

Eine genauere Beschäftigung mit dem jüdischen Anteil Frankfurter Geschichte zeigt, daß für die Frankfurter Juden erst mit dem Heraufdämmern der Neuzeit das „jüdische Mittelalter" beginnt. Der christlich-mittelalterliche Staat kannte Zeiten der Minderheitenduldung und Zeiten gnadenloser Verfolgung. Von einer „Verfaßtheit" zu sprechen, die nur deshalb naturgemäß und zwangsläufig die Ausgrenzung der Juden zum Inhalt haben mußte, ist eine holzschnittartige Rechtfertigungskonstruktion. Sie wird sowohl durch die deutsche Geschichte des Mittelalters als auch durch die Geschichte Frankfurts eindeutig widerlegt.

Hätte es den infernalischen Völkermord nicht gegeben, so erschienen uns heute die Reste der Judengasse als Relikte einer längst überwundenen historischen Epoche. Doch weil dem nicht so ist, müssen wir Nachgeborenen aus der zeitlichen Distanz erkennen, daß es einen geschichtlichen Zusammenhang zwischen den katastrophalen Lebensbedingungen in der Judengasse und dem infernalischen Völkermord an den Juden gibt. Die unmenschlichen Verhältnisse im Ghetto waren nicht zwangsläufige Vorstufe der Konzentrationslager, aber eine von vielen Voraussetzungen, die zu ihnen führten. Diese, aus schmerzlichen Erfahrungen gewonnene Erkenntnis hebt die ausgegrabenen Steine der Judengasse über ihre spezifisch zeitliche Bindung an das Ghetto heraus und verknüpft sie mahnend mit unserer Gegenwart.

Man mußte kein Historiker sein, kein detailliertes geschichtliches Vorwissen besitzen, um an den ausgegrabenen Kellerresten die bedrückende Enge der Häuser und Gassen nacherleben zu können. Das von Baggesen beschriebene trostlose Elend war auf dem Ausgrabungsfeld körperlich spürbar – nicht zuletzt verursacht durch die vom Zufall gestalteten und zerstörten Mauerreste mit ihren teils bizarren Silhouetten. Welch eine merkwürdige und vielleicht glückliche Fügung, daß diese Bilder der Hoffnungs- und Trostlosigkeit, des Ruinösen und Torsohaften sich ein Stück weit – auf der Ebene des sinnlichen Verfalls – mit den Reisebeschreibungen des Ghettos deckten. Und wer nicht abgestumpft war, dem konnten Ahnungen aufsteigen – von Kerkern und Verließen, von Ausweglosigkeit und Begrenzung der Lebensentfaltung, von Unentrinnbarkeit und brennpunktartiger Verengung des Lebenshorizontes. Welch ein Reichtum dunkler Bilder vermochte sich aus diesen Steinen plötzlich zu entfalten – hautnah und körperlich erlebbar! Die Steine sind abgetragen. Nun sollen fünf der abgetragenen Keller, darunter Steinernes Haus und Mikwe, innerhalb des geplanten Kundenzentrums, aus Originalsteinen und Ergänzungen neu zusammengesetzt und ihre geschichtliche Bedeutung durch museographische und didaktische Aufbereitung verständlich gemacht werden. So notwendig und unerläßlich solch begleitende Erläuterungen sind – von der Enge der Gasse wird nichts zu spüren sein, nichts von der Aura des authentischen Ortes und schon gar nichts von der Aura des Originals. Originäre Sinnlichkeit ist nicht durch noch so gute Information zu ersetzen, und aufbereitete Ruinen, Attrappen der Zerstörung, können es ebenfalls nicht. Indem sie nicht mehr, wie die zerschlissenen Originale, „erkennendes Erschrecken" im Betrachter auszulösen vermögen, laufen sie Gefahr, saubere und gut kommentierte Mauerreste am Rande der Peinlichkeit zu werden. Die museographische und didaktische Aufbereitung richtet sich, trotz Bildern und Videofilmen, zuallererst an Verstand und diskursive Logik – das originäre Erlebnis, wie es bei den freigelegten Resten der Judengasse möglich war, kann sie nicht vermitteln. Ja, sie läuft Gefahr, es rationalisierend zu überdecken und – gleichsam in bester Absicht – zu verhindern.

Um zu retten, was noch zu retten ist, erscheint es mir unabdingbar, die bereits durch säubernde Rekonstruktion und ergänzende Aufbereitung ihrer Authentizität beraubten Ruinen denjenigen gestalterisch zu überlassen, deren Berufung die Vermittlung von Sinnlichkeit ist: den Künstlern. Sie werden der ins Kundenzentrum eingeschobenen Museumsenklave vielleicht etwas von dem wiedergeben können, was der authentische Ort ohne Erläuterung vermittelt hat: Dramatik, Trauer, Zerrissenheit, dunkle Ahnungen, Zorn, Mitgefühl, nachempfundenes Leid.

Der auf dem Areal hinter dem Verwaltungsgebäude noch auszuschreibende Gestaltungswettbewerb für die Gedenkstätte zum Andenken an die von Nazis ermordeten Juden und die verbrannten Synagogen bietet die Chance, auch für diesen Bereich ein Konzept zu erhalten – vielleicht eines, das einen formalen und inhaltlichen Zusammenhang zwischen diesen Bereichen schafft.

Doch sollten sich diese vorgeschlagenen Maßnahmen nicht nur auf das Gebäudeinnere beschränken. Wenn schon das Konzept der „offenen Wunde" durch die beschlossenen Baumaßnahmen nicht mehr zu verwirklichen sein wird, dann sollte der „Konflikt zwischen den Ansprüchen eines modernen Zweckbaus und dem geschichtlichen Ort" ehrlicherweise auch von außen sichtbar werden, sonst besteht die Gefahr, daß die zu erhaltende Fundstätte unter dem Verwaltungsbau aus dem Bild der Stadt verschwindet.

Die Moral des Ortes ist nicht diejenige des Ortes – ein Ort kann keine Moral besitzen. „Moral des Ortes“ ist die Moral der Verantwortlichen und Beteiligten für den jeweiligen Ort. Sie kommt zum Ausdruck im Umgang mit Bedeutung und Geschichte des Ortes und in den daraus abgeleiteten Konsequenzen. Sie wird fragwürdig, wenn juristische Argumente, unangemessene Eile und dubiose Geschichtskonstrukte anstelle von Phantasie, „zeitlicher Großzügigkeit“ und Weitsicht treten. Und an ihrer wünschenswerten Ausprägung müssen berechtigte Zweifel laut werden, wenn der Ort des Anstoßes – des historischen und moralischen Anstoßes – aus dem Bild der Stadt zu verschwinden droht.

Moralische Verantwortung für den Ort Börneplatz muß zumindest die Sichtbarmachung vorhandener widersprüchlicher Standpunkte und Anforderungen in Architektur und im Stadtbild fordern. Wenn dies nicht als vordringliche gestalterische Aufgabe für den Ort Börneplatz rechtzeitig erkannt wird, dann kann das geplante Kundenzentrum sehr schnell zu einer schönen, aber vielleicht auch peinlichen Fassade für eine dahinter schwärende historische Wunde werden.

Die Erkenntnis der Notwendigkeit ihrer sinnlich-gestalterischen Offenlegung ist jetzt vordringlich, denn: Das Geheimnis der Erlösung heißt Erinnerung.

Und wer sich dieser Erinnerung nicht konsequent stellt, wird früher oder später von ihr gestellt werden – und sei es als zunächst nicht erkennbare Abkömmlinge von Verbrämung, Verbiegung, Verdrängung und Verleugnung mit allen daraus erwachsenden, unabsehbaren Konsequenzen.

Das war schon immer die „Moral des Ortes Börneplatz“ – und das bleibt die „Moral der Geschichte“.

## Anmerkungen

1 *Frankfurter Allgemeine Zeitung*, 7. 9. 1987, S. 31 u. 18. 9. 1987, S. 47; *Frankfurter Rundschau*, 7. 9. 1987, S. 9 u. 18. 9. 1987, S. 13 (jeweils Stadtausgabe)
2 Ismar Elbogen/Eleonore Sterling, *Die Geschichte der Juden in Deutschland*, Frankfurt a. M. 1966, S. 16 ff.
3 Isidor Kracauer, *Geschichte der Juden in Frankfurt a. M. (1150 – 1824), 2 Bde., Frankfurt a. M. 1925/27. Bei Kracauer finden sich zahlreiche Angaben zur Literatur über die Juden in Frankfurt a. M.*
4 *Mitteilungen des Vereins für Geschichte und Alterthumskunde in Frankfurt a. M.*, 2 Bde., Nr. 4, Frankfurt a. M. 1864, S. 199 ff.
5 Wilfried Schouwink, *Der wilde Eber in Gottes Weinberg*, Sigmaringen 1985, S. 75 ff.
6 Anton Kirchner, *Geschichte der Stadt Frankfurt am Main*, 2. Teil, Frankfurt a. M. 1810, S. 375 ff.

**Doron Kiesel**

# Geschichtsmuster
## Zum Konflikt um den Börneplatz*

„Der Strom der Geschichte floß. Zuweilen trat der Strom über die Ufer. Er überschwemmte das Land mit Geschichte."
(Wolfgang Koeppen, *Tauben im Gras*)

Vor einigen Jahren noch hätte ein Thema wie das hier verhandelte keinen spezifischen Ort in der aktuellen Diskussionslandschaft gefunden. Hätte es jedoch jemand als Seminarthema vorgeschlagen, wäre es bestenfalls in den sogenannten Insiderkreisen von Historikern oder Sozialwissenschaftlern als Gegenstand der Erörterung aufgegriffen worden. Offensichtlich bedingen erst Konflikte, die zum Thema politischer Interessen geworden sind, eine öffentliche Auseinandersetzung – eine öffentliche Auseinandersetzung, die in dem Konflikt um den Börneplatz unter den Parteien, den konfessionellen Gemeinschaften und diversen politischen Organisationen in erster Linie mittels der Medien ausgetragen wurde. Der Disput um den Börneplatz trägt zwar somit alle Züge eines klassischen Konflikts, der im Rahmen demokratisch verfaßter Spielregeln durchgestanden werden muß, doch scheint er darüber hinaus eine besondere Qualität aufzuweisen, die alle an ihm beteiligten Akteure zu überaus deutlichen Formen der Identifikation oder der Abgrenzung geführt hat. Die zu stellende Frage richtet sich auf das Strickmuster eines Konflikts, der auf unübersehbare Weise voneinander abweichende Identitätsentwürfe, Geschichtsbilder, Geschichtsverständnisse, architekturpolitische Konzepte und Bekenntnisse zutage treten ließ.

Was war im einzelnen geschehen? Das Wissen um mögliche Reste des alten Judenghettos, das 1462 in Frankfurt errichtet wurde, war

* Überarbeitete Fassung eines Vortrags während einer öffentlichen Konferenz der Evangelischen Akademie Arnoldshain zum Börneplatz in Frankfurt a. M.

zwar vorhanden, aber als totes Wissen folgenlos. Erst die seit dem Frühsommer 1987 gegebene sinnliche Anschauung der ehemaligen bewohnten unteren Räume der Ghettohäuser, die vorstellbare und nachvollziehbare Enge, die Überschaubarkeit, ergänzt durch zahlreiche literarische Berichte aus der Zeit, in der das Ghetto den Lebensmittelpunkt der Juden darstellte, kurzum, erst die vom Boden freigegebenen, historischen Zeugnisse lösten auch Fragen nach jener Zeit aus, in der Juden und Deutsche zwar nebeneinander, aber voneinander getrennt lebten. Ein ansonsten den wenigsten bekanntes städtisches Archiv wurde zur Quelle verschollener oder übersehener Informationen: historische Nachforschungen über das Leben der Juden im Mitelalter füllten die Tagespresse. Die Judengasse wurde von der Baugrube zur Fundgrube für die historischen Konstellationen, die im Schulunterricht auf ein nur geringes Interesse stoßen und hier auf einmal zu einem Ausgangspunkt für historische Weltbilder schlechthin wurden. Selten löste ein Ort soviel Angst aus, Angst vor Einsichten, daß die Geschichte tatsächlich einen Verlauf aufeinander folgender und einander beeinflussender Epochen darstellt. Eine Trivialität, die ansonsten gern in Anspruch genommen wird, wenn die vermeintlich unbefleckte und sinnstiftende Geschichte des Mittelalters erzählt wird.

Ein Höhepunkt der Verklärung jener Zeit fand sich schließlich in den Worten des Frankfurter Oberbürgermeisters Wolfram Brück, der falsch informiert oder wider besseres Wissen das bedrückende und erniedrigende Leben der Juden im Ghetto nahezu in eine Idylle verwandelt sehen wollte. „Das, was die Judengasse für die Frankfurter Judenheit bedeutet hat, ist hier immer falsch dargestellt worden. Schon von der Sache her ist die Aussage, dieser Teil Frankfurter Geschichte sei ein Anlaß zur Scham, nicht gerechtfertigt. ... Weil es eine Judenverfolgung in der Stadt Frankfurt am Main nicht gegeben hat, gab es einen immerwährenden Zuzug von Juden nach Frankfurt. Nicht weil sie sozusagen aus der Stadt selbst verwiesen worden wären, sondern weil der Bereich, der ihnen zugewiesen worden war, zum Zufluchtsort für Juden aus allen deutschen Städten wurde." (Brück in seiner Rede am 17. 9. 1987 vor der Franfurter Stadtverordnetenversammlung)

Ein Blick in Reisebeschreibungen jener Zeit macht deutlich, wie selbst unter der von unserem bürgerrechtsstaatlichen Zeitgeist noch nicht inspirierten Epoche das Ghetto von aufgeklärten Bürgern wahrgenommen wurde:

„Nächst der allgemeinen Volksunterdrückung und dem menschlichen Sklavenhandel hat Europas neuere, mehr als barbarische Politik, kaum eine teuflischere Ungeheuerlichkeit ausgebrütet, als die bürgerliche Verfassung der Juden. Wahrhaftig! Sie widerspricht der gesunden Vernunft, dem allgemeinen Gesetz in den Herzen aller Menschen so vollkommen und ist insgesamt so himmelschreiend ungerecht, daß keiner Bedenken haben sollte, sie öffentlich vor dem Richterstuhl der ganzen Welt anzuklagen – und die Gleichgültigkeit diesbezüglich ist durch die Gewohnheit so eingefleischt, daß der Menschenfreund seine einzelne Stimme nicht laut genug dagegen erheben kann, um, wenn möglich, die Gewissen anderer zum aktiven Überdenken dieser Einrichtung zu erwecken.

Ist es möglich, daß man noch in unserem Jahrhundert – dem achtzehnten seit der Verkündigung des Gesetzes der allgemeinen, menschenbrüderlichen Liebe Jesu Christi – *ein ganzes Volk* in Generationen von Generationen, mit all seinen geborenen und ungeborenen Individuen, *für der menschlichen Gesellschaft nicht zugehörig* ansehen kann? Ist es möglich, daß man noch in unserem Zeitalter eine Nation, die physische und moralische Existenz mit allen anderen gemeinsam hat, für *politisch nicht existent* und zur ewigen Verbannung bestimmt ansehen kann? Ist es möglich, daß man sich darin einig sein kann, einer Sammlung von Erdenbürgern auf Grund ihrer besonderen Religion das erste von allen Rechten, das natürlichste aller Besitztümer zu verweigern?“

Soweit der reisende Schriftsteller Jens Baggesen im Jahre 1789 in seinem Buch *Das Labyrinth oder Reise durch Deutschland in die Schweiz 1789* (München 1986).

Dem Frankfurter Oberbürgermeister Brück sei eingeräumt, daß er in seiner historischen Unkenntnis und Verklärungsabsicht einigen seiner professionellen Kollegen in nichts nachsteht. Das Anstößige seiner historischen Sichtweise liegt darin, daß er die Bewertung des modernen Antisemitismus unabhängig von den Bedingungen, die zum mittelalterlichen Judenghetto geführt haben, vornehmen will. Die Versuche, die Geschichte nicht etwa aus ihren Kontinuitäten zu verstehen, sondern sie vielmehr als ein Ensemble von Mosaiksteinchen zu beschreiben, das jeder, je nach politischer Coleur und Opportunität zusammentragen kann, verstellt den Blick auf Umstände, die zu kollektivem Handeln führen. Wenn das Ghetto *wirklich* nichts mit Auschwitz zu tun hat, wenn die von Teilen der christlichen

Kirchen nach 1933 deklarierte und praktizierte Judenfeindschaft nichts mit dem christlichen Antijudaismus des Mittelalters und die Feindbilder über die Juden nichts mit den über Jahrhunderte bewußt gepflegten Verfolgungsmotiven zu tun haben, dann wird der Nazi-Terror wirklich zu dem ganz großen, einmaligen historischen Fehltritt, der inmitten einer ansonsten human und demokratisch verfaßten Lebens- und Geisteswelt jäh vom deutschen Volk begangen wurde:

„Im Blick auf den Gesamtzusammenhang deutscher Geschichte sage ich aber auch: was sich da ausgetobt hat, stand nicht zwangsläufig in der Kontinuität der geschichtlichen Entwicklung Deutschlands, sondern war ein radikaler Bruch in der deutschen Geschichte, eine radikale Abkehr von den Traditionen der Humanität, der Aufklärung, der Rechtsstaatlichkeit." (Dr. Christean Wagner, Hess. Kultusminister, zum 9. November 1987).

Die Steine am Börneplatz sind kunsthistorisch weder sonderlich wertvoll noch archäologisch aufregend. Ihre Brisanz liegt darin, daß sie Irritationen hervorrufen, insofern sie der Architektur der Vision eines „neuen Deutschland", das aus dem Schatten der Vergangenheit endlich treten soll, in die Konzeption pfuscht. Das Problem wird keineswegs geringer, wenn man immer wieder darauf hinweist, daß die Existenz von Ghettos auch in anderen Ländern nicht notwendigerweise zur Vernichtung der Juden geführt hatte. Dies ist völlig korrekt. Umso mehr stellt sich die Frage, wieso *gerade* in Deutschland ein solcher Prozeß am Ende einer Entwicklung stand, die sich nicht erst mit der Bücher- und Synagogenverbrennung am 9. November 1938 ankündigte. Die Diskussion um die Ausgrabungen am Börneplatz hat längst die Frage nach der Form ihrer Aufbewahrung verlassen und ist zu einer Frage nach der Wahrung der angemessenen Erinnerung geworden. Die Beliebigkeit historischer Cocktails kann in diesem Land, dessen Bürger sich in zunehmendem Maße auf der Suche nach einer alt-neuen nationalen Identität befinden, dazu führen, daß Individuen wie Kollektive sich aus der Geschichte stehlen. Dies wurde 1945 in aller Deutlichkeit vor Augen geführt, als niemand und keiner etwas mit dem zwölfjährigen Phänomen zu tun haben wollte.

Hannah Arendt schreibt in einem Essay nach einem Besuch in Deutschland im Jahre 1950: „Doch nirgends wird dieser Alptraum von Zerstörung und Schrecken weniger verspürt und nirgendwo wird weniger darüber gesprochen als in Deutschland. Überall fällt einem auf, daß es keine Reaktion auf das Geschehene gibt, aber es ist schwer zu sagen, ob es sich dabei um eine irgendwie absichtliche Weigerung zu trauern oder um den Ausdruck einer echten Gefühlsunfähigkeit handelt [...] Dieser allgemeine Gefühlsmangel, auf jeden Fall aber die offensichtliche Herzlosigkeit, die manchmal mit billiger Rührseligkeit kaschiert wird, ist jedoch nur das auffälligste äußerliche Symptom einer tief verwurzelten hartnäckigen und gelegentlich brutalen Weigerung, sich dem tatsächlich Geschehenen zu stellen und damit abzufinden." (Hannah Arendt, *Zur Zeit. Politische Essays*, Berlin 1986).

Bei der Bewertung des Ghettos für historische Prozesse geht es nicht um individuelle oder kollektive Verdrängungsleistungen, da niemand der heute noch Lebenden für jene Zeit in die Pflicht genommen werden kann, doch scheint die Erkenntnis, daß die christlich-abendländische Gesellschaft in ihren vormodernen und modernen Spielarten genügend destruktive Energie aufzuweisen hat, einen Strich durch die selbstgezimmerten historischen Weltbilder zu ziehen.

Ausgelöst wurde die Diskussion um den Börneplatz durch ein Photo in einer Frankfurter Tageszeitung, auf dem die Ausgrabungen des Judenghettos dokumentiert waren. Dieses Bild setzte historische Phantasien frei und wurde begehrtes Objekt historischer Interpretationen.

Die bebilderte Erfahrung *anderer* vermag Annäherungen an die historische Wahrheit zu fördern. Daß dies so nicht sein muß, wissen wir aus den Reaktionen vieler Schüler, nachdem ihnen Filme über den Nazi-Terror vorgeführt wurden.

In *diesem* Fall hat jenes erwähnte Bild nach weiteren Bildern suchen lassen, die eine historische Entwicklung der Stadt erzählen und nacherzählen. Bilder, die die verhängnisvolle Geschichte als öffentliches Gedächtnis wieder in die Stadt einkehren lassen. Wird jedoch von Historie und historischen Bildern öffentlich Gebrauch gemacht, dann gelten in einem Land, dessen Repräsentanten ausgezogen sind, die verlorene Normalität oder Unschuld wiederzufinden, folgende Anmerkungen Hans Magnus Enzensbergers:

„Die Geschichte ist eine Erfindung, zu der die Wirklichkeit ihre Materialien liefert. Aber sie ist keine beliebige Erfindung. Das Interesse, das sie erweckt, gründet auf den Interessen derer, die sie erzählen.“ (Über die Geschichte als kollektive Fiktion)

Auch für die Bewertung der Funde am Börneplatz, für die Überreste des mittelalterlichen Judenghettos, gilt: Die Erinnerung als historisches Deutungsmuster ist bei Tätern und Opfern nie identisch. Dementsprechend wird diese Differenz auch sichtbar in den Objekten der Spurensicherung.

Petra Kunik

# Jüdisches Leben in den Tagen der Börneplatzbesetzung

Das die Erinnerung schreckende Grundstück, Zentrum Frankfurter jüdischer Geschichte vom Judenghetto 1462 bis zur Reichspogromnacht 1938 und von Hitlers Statthaltern umbenannt, wird „schon" am 21. November 1978 in „Börneplatz" rückbenannt.

Nach dem Krieg beheimatet der grau asphaltierte Platz, am teuren Pulsschlag der Frankfurter Innenstadt gelegen, eine Blumenmarkthalle, Parkplätze und eine Tankstelle.

1980 wird endlich über verschiedene Vorschläge der Neugestaltung des Platzes gesprochen. Gremien der jüdischen Gemeinde Frankfurt und die Kirchheimsche Stiftung weisen schon längere Zeit auf die zu erwartenden Funde unter dem Asphalt hin.

Die Stadt quält sich, den in ihrem Besitz befindlichen Platz unter Einbeziehung des alten Jüdischen Friedhofs würdig zu gestalten. Beispielsweise parkähnlich, ohne Bebauung, als Stätte der Ruhe und des Gedenkens, inmitten des Großstadttrubels. Ergebnisse dieser langjährigen Überlegungen: Das Grundstück wird 1983/84 an die Stadtwerke verkauft, damit diese dort ein Verwaltungsdienstleistungs-Zentrum erbauen können, in dem etwa die Gasrechnungen den Bürgern erläutert werden. Widerspruch wird hörbar.

1985 beginnen die Vorbereitungen für die Ausschachtungsarbeiten. 1987 kommen die Bauarbeiten auf Touren. Mit dem inoffiziellen Bekanntwerden des Fundes einer Mikwe (eines jüdischen Ritualbads) auf dem Börneplatz im Mai 1987 formiert sich dann der Protest: die archäologischen Zeugnisse nicht weiter zu zerstören und einem Baustopp zugunsten einer Denkpause nachzukommen.

Der Frankfurter Oberbürgermeister Brück (CDU) weist die Forderung kategorisch mit der Begründung zurück, daß die schon entstandenen Kosten von 50 Millionen DM an Steuergeldern nicht verschleudert werden könnten.

Bis zu meiner ersten Begehung dieser „ganz normalen" Baustelle am 14. August 1987, die sich hinter einem zwei Meter hohen Bretterzaun vor den Blicken der Frankfurter Bürger versteckt, hatte ich das Bündnis „Rettet den Börneplatz“ (SPD, Grüne, DGB, jüdische Gruppe, beide christliche Kirchen und andere gesellschaftlich bedeutsame Gruppen) blind unterstützt.

Als Pressevertreterin gehörte ich zu den geduldeten Gästen der Begehung des Börneplatzes durch den Kulturausschuß der Stadt in Anwesenheit des Oberbürgermeisters Brück.

Außer den Geladenen fanden sich noch ungefähr 200 DemonstrantInnen am Ort ein.

Auf der eigens für die Begehung aufgebauten Holztribüne stehend, sah ich auf die teilweise über zwei Meter hohen, freigelegten Grundmauern von neunzehn Häusern, darunter ein Hospital und den mit Plastikfolie überdachten Eingang der Mikwe. Im Süden blickte ich auf eine metertief ausgehobene Baugrube, aus der Betonklötze, Leitungen und Drähte staken. Über allem war ein riesiger Kran im Arbeitseinsatz. Nach Belehrungen über den schlechten baulichen Zustand des Ausgegrabenen und daß das alles nur Barock sei, wurden wir offiziellen Besucher, nach der Ermahnung, nichts zu zerstören, in die Niederungen der Funde entlassen. Ich stand plötzlich abseits, in Mauerresten, zwei Meter auf zwei Meter; es dauerte eine Weile, bis ich begriff: „Das sind die Umrisse eines Hauses“ und noch einen Moment später: „So haben meine Vorfahren irgendwann gelebt?“ Schnell eilte ich zu der schwatzenden Gruppe zurück. Eine Dame raunte, mit Blick auf die Demonstranten, Oberbürgermeister Brück etwas von einer „gefährlichen Emotionalisierung, die sich hier zusammenbraue“, ins Ohr. Das Gehörte löste ein bejahendes Kopfnicken beim Oberbürgermeister aus. Anschließend zogen alle zur Aussprache in den Römer. In seiner Erklärung nahm Oberbürgermeister Brück die Jüdische Gemeinde in die Pflicht. Alle seien „gehört worden“, „alle hätten zugestimmt, auch die Jüdische Gemeinde“.

Beschämt ging ich nach Hause, um an meinem Nekrolog über das „neue“ Krankenhaus der Jüdischen Gemeinde Frankfurt, 1910 bis 1942, weiterzuarbeiten. Die Recherchen führten mich am Donnerstag, den 27. August 1987, ins Jüdische Museum zu den Deportationslisten der Stadt, die das plötzliche Ende des Hospitals 1942 aufklärten. Auf meinem Nachhauseweg muß ich den langen Bretterzaun der „ganz normalen Baustelle“ Börneplatz abradeln. Wut kommt auf: Wieso schreibe ich als Jüdin nicht über Blumen oder den heutigen

Sonnenschein, sondern erinnere mich schreibend, verletze mich immer wieder aufs neue?

Abends bis früh gebe ich mich in meiner griechischen Stammkneipe einem hemmungslosen Trunk des Vergessens hin. Morgens um zehn schrillt zwischen Aspirin, kalten Güssen und salziger Brühe das Telefon: Ungefähr 30 Besetzer blockieren seit den frühen Morgenstunden die Baggerarbeiten auf dem Börneplatz. Ich eile zu ihnen.

Am Samstag kommt die Besetzung in Schwung. Mitten unter Brücks Frankfurter Volksfest, den „Tagen der offenen Tür", findet zwischen Brezeln, Bratwürstchen und Humba-humba-täterä-Musik eine Kundgebung des Bündnisses „Rettet den Börneplatz" in der Braubachstraße statt. Es reden Probst D. Trautwein, die Schriftstellerin E. Demski und Professor M. Brumlik von der jüdischen Gruppe, der zum „zivilen Ungehorsam" aufruft, um sich die Funde der ehemaligen Judengasse selbst anzusehen. Die rund 800 Demonstranten begeben sich zum Börneplatz, das Eisentor kann den Ansturm nicht aufhalten. Ein zweiter Eingang entsteht im Bretterzaun. Hunderte streben auf die Ausgrabungen zu. Der Platz wird ganz im Sinne der Tage der offenen Tür zum offenen Museum und Ort der Kommunikation. Ein aufgeschütteter Sandhaufen wird zur Rednertribüne.

Herren im Anzug klettern über Baumaterial, um Solidaritätsadressen zu überbringen. Führungen werden von den neuen Spezialisten, die sich spätestens während der Platzbesetzung über die Historie und die Funde des Platzes sachkundig gemacht hatten, durchgeführt. Die älteren unter uns sitzen auf Bohlen, an die wärmende Mauer des alten Jüdischen Friedhofs gelehnt. Kinder spielen genüßlich in Schlammpfützen. Ab Sonntag verlegen Arbeitskreise und Gruppen ihre Treffs auf den Börneplatz.

Einer Abordnung des Bündnisses gelingt es, etwa eine Stunde mit Oberbürgermeister Brück und dem Stadtkämmerer Gerhardt zu sprechen. Unversöhnt kehren sie auf den Platz zurück. Brück und Gerhardt hatten es abgelehnt, ihre Entscheidung „aufgrund von Leuten zu ändern, die die Baustelle besetzt haben". Insgesamt dürfen die Keller von fünf Häusern sowie die Mikwe, dem Stadtwerkbau angepaßt, erhalten werden. Die anderen Steine sollen deportiert werden.

Die Grabungsstätte bleibt weiterhin besetzt.

Am Dienstag, den 1. September, wird Ludwig Joseph (1908 in Darmstadt geboren) auf dem neuen Jüdischen Friedhof beigesetzt. Vor den Nazis hatte er sich nach Holland gerettet. So manche Mitglieder der Jüdischen Gemeinde nahmen es Ludwig übel, daß er sich im Widerstand gegen Hitler den Kommunisten angeschlossen hatte. Von der holländischen Königin wurde Ludwig Joseph, der vielen Menschen unter Einsatz seines Lebens über die rettende Grenze geholfen hatte, mit dem „Widerstandserinnerungskreuz" der Niederlande ausgezeichnet.

Aus der Emigration zurückgekehrt, betreute er im Zeilsheimer „Komitee" aus den Konzentrationslagern befreite Juden. Er nahm stets engagiert am Frankfurter Jüdischen Gemeindeleben teil und war über zwanzig Jahre im Gemeinderat. Auf den schwarz verhangenen Sarg stierend, sehe ich den kleinen Mann mit seinem humorvoll-verschmitzten Lächeln vor meinem inneren Auge, immer kritisch und streitbar, geistvoll (mit leicht hessischem Dialekt) argumentierend, sich einmischend. Beim Kaddisch halte ich meine Mutter verzweifelt und angstbesessen fest, laßt uns doch nicht mit euren Erfahrungen allein ...

Ich kehre an diesem Tag nicht mehr auf den Börneplatz zurück.

Am Mittwochmorgen schleifen zwei Hundertschaften der Polizei ungefähr 30 Besetzer vor das Tor. Am Spätnachmittag stehe ich mit anderen Demonstranten handlungsunfähig und stumm vor dem Tor zur Baustelle. In der Dämmerung nehme ich meinen Schlafsack, der nun an dem Gedenkstein für die in der Reichspogromnacht abgebrannte Börneplatz-Synagoge lehnt.

Wut, Frustration und Fremdeln steigen in mir hoch, wenn ich an die „aufrechten Vergangenheitsbewältiger" denke, die mich in diesen Tagen der Zusammengehörigkeit zu oft durch die Frage isolierten: „Was sagt denn deine Jüdische Gemeinde zum Börneplatz?" oder noch gedankenloser: „Wo ist denn dein Bubis oder Friedmann?"

Am Börneplatz geht es schließlich um erfahrbare Frankfurter-Jüdische Geschichte.

Die historisch gewachsene Jüdische Gemeinde Frankfurts ist in den Gaskammern verstummt.

Was erwartet ihr denn?

Die Mitgliederversammlung der Jüdischen Gemeinde vom 19. August 1987 reagiert in einer mehrheitlich verabschiedeten Resolution „mit Trauer und Betroffenheit" auf den geplanten Stadtwerkbau und fordert „einen sofortigen allgemeinen Baustopp".

Zu einem weiteren Klärungsprozeß wird am 5. September zu einem Mitgliedertreffen im Gemeindezentrum eingeladen. Die an diesem Abend öffentlich gemachte Kurz-Chronologie *Börneplatz 1977 – 1987* bricht das verschämte Schweigen über die jahrelangen entmutigenden und vergeblichen Bemühungen der Kirchheimschen Stiftung und der Jüdischen Gemeinde, an der Gestaltung des Platzes ehrlich und vorbehaltslos beteiligt zu werden und widerlegt die Gerüchte von einem „Kuhhandel“ des Vorstandes mit der Römer-CDU. Dr. Salomon Korn, Mitglied des Gemeindevorstands: „Diese Steine sind Prüfsteine für unsere Identifikation mit Frankfurt.“

Am gleichen Tag stellt sich auf dem Frankfurter Kreisparteitag der CDU der Hessische Ministerpräsident und frühere Frankfurter Oberbürgermeister Wallmann vorbehaltslos hinter seinen Amtsnachfolger, indem er nachdrücklich betont, er werde keinen weiteren Kompromissen am Börneplatz zustimmen. Wallmann warnt davor, am „falschen Ort“ Trauerarbeit zu leisten. Es wäre falsch und unhistorisch, zwischen dem Börneplatz und den Gaskammern des Dritten Reiches eine Verbindung zu ziehen. Der christliche Antisemitismus des Mittelalters hätte nichts mit Auschwitz zu tun. Mit der Errichtung einer „anspruchsvollen Architektur“ auf dem Platz „tun wir mehr für Kontinuität und Erinnerung als bisher geschehen ist.“

Die Geschichtsbeugung um das Ghetto gipfelt in der Rede des Oberbürgermeisters Brück vor der Stadtverordnetenversammlung vom 17. September.

Brück: „... gab es einen immerwährenden Zuzug von Juden nach Frankfurt, der letztlich zu der drangvollen Enge in der Judengasse führte. Nicht, weil sie sozusagen aus der Stadt selbst verwiesen worden wären, sondern weil der Bereich, der ihnen zugewiesen worden war, zum Zufluchtsort für Juden aus allen deutschen Städten wurde.“

Verdächtig klingt es, wenn Brück darlegt, daß der mittelalterliche Antijudaismus nichts mit dem bürgerlichen Antisemitismus zu tun habe. Brück: „Und deshalb wehre ich mich zum Beispiel, auch in der Verantwortung vor der jungen Generation dagegen, daß der mittelalterliche Anti-Judaismus, den es unzweifelhaft gegeben hat, sozusagen im Sinne eines Schuldvorwurfs an diese Zeit, in einen Antisemitismus umgedeutet wird, den es damals nicht hat geben können.“

Weiter führt Brück aus, daß es ja im Mittelalter keine Religionsfreiheit habe geben können: „Diese Auffassung, daß es die persönliche Entscheidung in der Religionsfrage nicht gebe, ist erst im Zuge der Reformation und der Aufklärung ins Wanken geraten. Bis in diese Zeit, in der auch noch nach der Reformation, um die Situation zu kennzeichnen, bei uns in Deutschland der Grundsatz galt: cuius regio, eius religio."

Brück: „... damit wir uns über die unterschiedliche Betroffenheit einig sind: Die Deutschen jener Zeit sind Täter, die Juden Opfer. Das ist der Unterschied in der Betroffenheit. Und das bedeutet auch den Unterschied, der sehr verständlich ist in dem Zugang zur Geschichte ... das werden wir doch akzeptieren müssen."

NEIN!

Die Zeiten des Aussöhnungsdrucks sind vorbei.

Die Vorstellung, daß Oberbürgermeister Brück zum Gedenken an die Pogromnacht des 9. November 1938 mit seinem Zugang zur Geschichte kurz darauf als Redner in der Synagoge auftritt, ist für mich unerträglich – unvorstellbar.

Aber möglich, er kommt!

Viele, auch ältere Gemeindemitglieder, verlassen während der Brück-Rede an diesem Herbsttag 1987 *ihre* Synagoge.

Novembernebel steigt mühsam auf. Die Steine des alten Frankfurter Ghettos werden zusammengeschoben gleich Herbstlaub und modern auf städtischen Parkplätzen.

Die Adenauer-Erhard-Wiedergutmachungs-Ära dauert an. Meine jüdisch-deutsche Identität zögert ...

Die Jüdische Gemeinde Frankfurt a. M. erhält die publizistisch ausschlachtbare Last der bundesrepublikanischen Aussöhnungsaufmerksamkeiten anläßlich des fünfzigsten Jahrestages der Reichspogromnacht.

*El mole Rachamim*, das jüdische Gedächtnisgebet für die als Märtyrer Verstorbenen, wird die Betroffenen-Trauernden erreichen.

„... der Männer, Frauen und Kinder,
die in den Lagern Auschwitz,
Treblinka, Bergen-Belsen,
Buchenwald, Theresienstadt
und den anderen Lagern
hingemordet wurden ... "

Zur Trauerarbeit anläßlich des 9. November 1988 ist der Bundespräsident in die Westend-Synagoge, zur Eröffnung des Jüdischen

Museums und zu Arnold Schönbergs „Kaddisch“ in die „Alte Oper“ zu Frankfurt a. M. geladen.

Mitten in den Auseinandersetzungen unter den Mitgliedern der Frankfurter Jüdischen Gemeinde, ob von uns Juden der Tag nicht in aller Stille, ohne Politiker zu begehen sei, wird uns der Bundeskanzler als Trauerredner in Frankfurt a. M. angekündigt. Helmut Kohl, der sich im Mai 1985 ohne Reue in Bitburg vor SS-Runen verneigte, soll in der Westend-Synagoge und nicht im Bonner Bundestag die bundesdeutsche Trauerrede zum 50. Jahrestag der Reichspogromnacht halten.

In den hektischen Bemühungen, dem Publikum noch rechtzeitig in dieser anemotionalisierten Zeit jüdische Kultur, geordnet und anschaulich zu präsentieren, finden auch die nicht störenden, neuzusammengesetzten Ghettosteine, geschichtlich verfälscht, ihren angepaßten Platz.

„... und Frankfurt ist wohl eines der engsten, spitzesten Krähenwinkel, die es in Deutschland geben mag.“ (Ludwig Börne)

# Von den Schwierigkeiten des Gedenkens und der Trauer

Micha Brumlik

# Trauer und Solidarität

## Zu einer Theorie öffentlichen Gedenkens

Feierlichkeiten wie die zur fünfzigsten Wiederkehr des 9. November 1938 stehen vor dem Dilemma, das, was sie bestenfalls zum Ausdruck bringen können, notwendig zu verfehlen.

Der Aufwand an finanziellen Mitteln, an öffentlicher und offizieller Betriebsamkeit, das Knirschen der Räder der Kulturindustrie und das hohle Getön von Politikern aller Couleur ließ lange Zeit vor diesem Datum das Ausmaß an Peinlichkeit erahnen, das noch folgen würde. Der 9. November 1988 soll dem Zweck dienen, das Ende des deutschen Judentums und der industriellen Massenvernichtung der europäischen Juden zu gedenken, zweier Ereignisse, die, wenn sie auch wissenschaftlich erklärbar sind, jedes moralische Fassungsvermögen übersteigen. Doch abgesehen von der moralischen Unvorstellbarkeit der Massenvernichtung stellt sich die Frage, was es überhaupt heißen kann, in einer demokratischen, säkularen und stark ausdifferenzierten Gesellschaft öffentlich zu trauern.

Für das, was der Begriff „Trauer“ bedeuten könnte, steht noch immer die klassische Formulierung von Sigmund Freud:

„Worin besteht nun die Arbeit, welche die Trauer leistet? Ich glaube, daß es nichts Gezwungenes enthalten wird, sie in folgender Art darzustellen: Die Realitätsprüfung hat gezeigt, daß das geliebte Objekt nicht mehr besteht, und erläßt nun die Aufforderung, alle Libido aus ihren Verknüpfungen mit diesem Objekt abzuziehen. Dagegen erhebt sich ein begriffliches Sträuben, – es ist allgemein zu beobachten, daß der Mensch eine Libidoposition nicht gerne verläßt, selbst dann nicht, wenn ihm Ersatz bereits winkt. Das Sträuben kann so intensiv sein, daß eine Abwendung von der Realität und ein Festhalten des Objekts durch eine halluzinatorische Wunschpsychose zustande kommt.“

Das in diesem Zusammenhang allzu leichtfertig übernommene Schlagwort von der *Unfähigkeit zu trauern* hatte bei Margarete und Alexander Mitscherlich in Bezug auf die Nachkriegsdeutschen noch einen präzisen Sinn: Die unterbliebene Trauer um den heißgeliebten und idealisierten Führer Adolf Hitler hinterließ eine emotionale Lücke, eine narzißtische Kränkung, die nur durch Verdrängung bzw. nach außen geleitete Aktivitäten – das Wirtschaftswunder – notdürftig überdeckt wurde und schließlich zu jener sklerotischen Erstarrung führte, gegen die die 68er Bewegung dann antrat. Margarete und Alexander Mitscherlich äußerten sich freilich kaum dazu, wie eine angemessene Trauer um Adolf Hitler, die überhaupt erst den Weg zu einer Trauer um die Opfer frei gemacht hätte, aussehen sollte. „Die moralische Pflicht, Opfer unserer ideologischen Zielsetzung mit zu betrauern – was der übrigen Welt eine Selbstverständlichkeit war –, konnte deswegen für uns vorerst nur ein oberflächliches seelisches Geschehen bleiben. Die Mechanismen, um die es hier geht, sind Notfallreaktionen, Vorgänge, die dem biologischen Schutz des Überlebens sehr nahe, wenn nicht dessen psychische Korrelate sind. Es ist also sinnlos, aus diesen Reaktionen sofort nach dem Zusammenbruch einen Vorwurf zu konstruieren." Zudem sei die Trauer um die Opfer der Massenvernichtung – so Margarete und Alexander Mitscherlich – schon deshalb kaum möglich, da sie eine Einfühlung in Ereignisse forderte, „die schon durch ihre quantitative Dimension Einfühlung unmöglich machen."

Die Forderung, sich von der narzißtischen Liebesform zur „Anerkennung von Mitmenschen als Lebewesen mit gleichen Rechten weiterzuentwickeln", solle daher den Deutschen die Fähigkeit zu trauern wiedergeben.

Dabei stellt sich nun die Frage, ob Margarete und Alexander Mitscherlich, die sich sowohl auf Sigmund Freud berufen als auch einen gleichsam moralisch inspirierten Trauerprozeß für wünschenswert halten, nicht einem Widerspruch unterliegen:

Wenn Sigmund Freud Recht hat, und Trauerarbeit nur dort geleistet werden kann und geleistet werden muß, wo zuvor geliebt wurde, erhält die Forderung nach der Trauer um die fernen und fremden Opfer der Massenvernichtung einen zumindest paradoxen Charakter. Wenn aber umgekehrt Trauer auch dort möglich sein soll, wo zuvor nicht geliebt wurde, handelt es sich entweder um „Trauer" in einem ganz anderen Sinn oder aber um das Eingeständnis, daß es jedenfalls nicht die unterbliebene Trauer um Adolf Hitler gewesen ist, die zur öffentlichen Melancholie in der Bundesrepublik geführt hat, sondern der ohnehin vorhandene Mangel an einem universalistischen Moralbewußtsein. Zudem haben Margarete und Alexander

Mitscherlich nicht systematisch überprüft, ob jene von ihnen eingeforderte Form kollektiver Trauer in der klassischen psychoanalytischen Theorie überhaupt einen Ort hat und ob sie für die damalige Situation der Bundesrepublik, die sich ja erheblich von der Bundesrepublik des Jahres 1988 unterscheidet, möglich gewesen wäre.

Im folgenden ist also zunächst zu klären, ob es mindestens ansatzweise eine psychoanalytische Theorie kollektiver Trauer gibt, sodann, wie eine Theorie der Trauereffekte mit einer Theorie universalistischen moralischen Bewußtseins zusammenhängen könnte.

In seiner im Jahre 1913 verfaßten Schrift *Totem und Tabu*, die in der *Unfähigkeit zu trauern* durchaus erwähnt wird, analysiert Freud das Tabu, zumal das Trauertabu in schriftlosen Gesellschaften als eine ambivalente Gefühlseinstellung zum Teil projektiver Art:

„Auch das Tabu der Toten rührt von dem Gegensatz zwischen dem bewußten Schmerz und der unbewußten Befriedigung über den Todesfall her. Bei dieser Herkunft des Grolles der Geister ist es selbstverständlich, daß gerade die nächsten und früher geliebtesten Hinterbliebenen ihn am meisten zu fürchten haben. Die Tabuvorschriften benehmen sich auch hier zwiespältig wie die neurotischen Symptome. Sie bringen einerseits durch ihren Charakter als Einschränkungen die Trauer zum Ausdruck, andererseits aber verraten sie sehr deutlich, was sie verbergen wollen, die Feindseligkeit gegen den Toten, die jetzt als Notwehr motiviert ist. Einen gewissen Anteil der Tabuverbote haben wir als Versuchungsangst verstehen gelernt. Der Tote ist wehrlos, das muß zur Befriedigung der feindseligen Gelüste an ihm reizen, und dieser Versuchung muß das Verbot entgegengesetzt werden.“

Nun ist für Freud der Gang der Zivilisation dadurch gekennzeichnet, daß die unbewußte Feindseligkeit gegenüber den Toten immer besser niedergehalten werden kann, woraus in der Moderne Zwangsneurosen, d.h. „asoziale Bildungen“ entstehen. Im Gegensatz dazu bezeichnet Freud die Trauertabus ausdrücklich als „soziale Bildungen“, d.h. als Kulturschöpfungen – bei aller sonstigen strukturellen Ähnlichkeit zwischen Neurose und Tabu. Die Leistung von Trauertabus als sozialen Bildungen besteht darin, das Angstpotential einer Gesellschaft zu binden und erträglich zu machen.

Freud, der sich in *Totem und Tabu* mit den zu seiner Zeit aktuellsten ethnologischen Forschungen auseinandersetzte, war sich des internen Zusammenhangs von Tabu als „sozialer Bildung“ und Bräuchen und Institutionen unzweifelhaft bewußt. Daß Rituale und

Bräuche der Zähmung und Bindung starker Gefühle, d.h. der kollektiven Angstbindung dienen, kann in einem strengen Sinn freilich nur dort gelten, wo eine nähere Bekanntschaft mit den Toten noch vorausgesetzt werden kann, wo zudem die durch den zivilisatorischen Prozeß individualneurotisch verdrängte Ambivalenz aufbricht und schließlich die Psychen der Menschen noch so offen sind, daß Angst und Furcht ihrer Mitmenschen spontan auf sie überspringen können.

Dort, wo all diese Bedingungen ohnehin kaum gegeben waren, in der deutschen Gesellschaft der vierziger, fünfziger und frühen sechziger Jahre, gewinnen Trauerrituale eine rein äußerliche, strategische Funktion: Nämlich, für eine politisch interessierte Umwelt Anteilnahme und Umkehr auch dort zu demonstrieren, wo von einer emotionalen Authentizität nie die Rede sein konnte.

Wenn es also in Zukunft um so etwas wie eine „Fähigkeit zu trauern" gehen soll bzw. darum, Ausdrucks-, Umgangs- und Erkenntnisformen zu bilden, die eine Wiederkehr von Bedingungen, die schließlich zu Auschwitz geführt haben, verhindern können, so ist zunächst die einem strikt verstandenen psychoanalytischen Trauerbegriff ohnehin widersprechende Forderung nach einer „Fähigkeit zu trauern" für Ferne und Fremde aufzugeben und anstattdessen dort anzuknüpfen, wo Margarete und Alexander Mitscherlich forderten, ein Gefühl für die Anerkennung von Mitmenschen als Wesen mit gleichen Rechten zu entwickeln.

Nimmt man die Einsicht Theodor W. Adornos, wonach die Forderung, daß Auschwitz sich nicht wiederholen dürfe, die erste an die Erziehung sei, ernst und überträgt zudem diesen Gedanken der Erziehung auf den Bereich praktischer Aufklärung sowie öffentlicher Auseinandersetzung und orientiert sich hierbei am Ziel der Förderung eines universellen Gerechtigkeitsgefühls, so käme es in Zukunft darauf an, auch unter Menschen, die selbst in keiner Weise mehr persönlich in die Massenvernichtung als Täter, Mittäter oder Mitläufer verwickelt waren, eine Erfahrungsbasis zu etablieren, die ihnen Einfühlungsvermögen und verantwortliches Handeln nahelegt. Da aber – wie oben ausgeführt – Trauer um Ferne und Fremde keine ursprüngliche Emotion ist, gälte es, diese emotionale Basis sekundär auszubilden. Die Art und Weise, in der Kollektive und Gruppen, die auf eine gemeinsame Vergangenheit zurückblicken können, sich mit sich selbst und ihrer Geschichte identifizieren, ist die ritueller Handlungen und Liturgien, während derer die Teilnehmer oft genug in einen künstlich induzierten Zustand psychischer Wehrlosigkeit bzw.

Regression versetzt werden, mit deren Hilfe dann ein neues Selbst- oder Wir-Gefühl aufgebaut werden kann. In Ritualen und Liturgien wird sowohl Sozialität bekräftigt, eine bestimmte Form kollektiver Identität immer wieder neu gestiftet, dabei ein historische Dimensionen umfassendes Gemeinschaftsgefühl bekräftigt als auch ein übergreifender Sinnentwurf gebaut.

Sollte es also die Aufgabe von Gedenktagen wie dem 9. November sein, durch bestimmte Liturgien, öffentliche Riten und Feiern jene Einfühlung in die Opfer bzw. jene Solidarität mit den Opfern dadurch zu stiften, daß das Unerträgliche nachvollziehbar wird, etwa in Form von starken, aber geregelten sinnlichen Erfahrungen wie Filmen, in der Präsentation der Lebensgeschichten Verfolgter und liturgischen Zusammenkünften, in denen die nationalsozialistische Vergangenheit und ihr Grauen symbolisch, dokumentarisch oder künstlerisch inszeniert werden?

Anders als die *Trauer*, die entweder spontan auftritt oder durch Rituale identifikatorisch hervorgerufen werden kann, sind *Eingedenken* und *Erinnerung* in historischer Absicht, insofern sie nicht an eigene unmittelbare Erfahrungen anschließen können, zunächst eine Form der Rezeption *neuer* Erfahrungen. Dort, wo bei den Erinnernden und Eingedenkenden eine lebensgeschichtliche Anschlußerfahrung einfach deshalb fehlt, weil sie seinerzeit noch nicht lebten, sperren neue und oftmals schockierende Informationen über die nationalsozialistische Vergangenheit einen mit einem zeitlichen Index versehenen Erfahrungsraum auf, der in irgendeiner Weise mit der eigenen gelebten Gegenwart in Verbindung gebracht wird. Die Auseinandersetzung mit der nationalsozialistischen Vergangenheit in Form von Lernen, d.h. der Rezeption neuer Informationen, des Änderns von Gefühlen und des Erwerbs neuer moralischer Maßstäbe – sei es, daß dies durch schulische oder außerschulische Bildung bzw. öffentliche Veranstaltungen aller Art vom Ritual bis zum eigenen Nachforschen befördert wird – wird jedenfalls unter den heutigen Generationen von Deutschen noch immer dazu führen, sich der lebensweltlichen Verbindung zur Vergangenheit, d.h. der Auseinandersetzung mit Eltern, Großeltern und Verwandten zuzuwenden. Ob indessen diese lebensweltlich/lebensgeschichtliche Anknüpfung, bei der ja immer auch die Frage nach der Identifikation mit der eigenen Kultur und Familie auf dem Spiel steht, erfolgreiche Lernprozesse einzuleiten vermag, hängt wiederum von Bedingungen ab, über die öffentliches Handeln kaum verfügt: nämlich von der Bereitschaft der älteren Generationen, jenseits von Verdrängung und eventuellen Schuldgefühlen über ihre eigene Mittäterschaft offen zu sprechen.

Bildungsprozessen als Trauerritualen stehen indessen gewichtige Einwände entgegen. In einer offenen demokratischen Gesellschaft, in der geschlossene Geschichtsbilder nicht mehr vorstellbar sind und die Auseinandersetzung mit der Geschichte stets durch den Hypothesen prüfenden Gestus der Wissenschaft gebrochen ist, könnten zudem noch rituell geronnene Formen des Eingedenkens zumal bei jenen jüngeren Generationen, auf die zukünftig alles ankommen wird, eher zurückstoßend wirken.

Öffentliche Trauerrituale, die ja in der Regel meist amtlich festgesetzt werden und als Rituale auf Konsens und Harmonie zielen, und die politisch-wisssenschaftliche-öffentliche Auseinandersetzung auch mit der Zeit des Nationalsozialismus und dem Menschheitsverbrechen der industriellen Massenvernichtung scheinen zunächst einander zu widersprechen. Gerade wenn entsprechende Gedenkgelegenheiten im Sinne Adornos und Mitscherlichs eine moralische Sensibilisierung fördern sollten, dürfen wir davon ausgehen , daß eine Ansprechbarkeit auch für fremdes Leiden um so wahrscheinlicher wird, je weniger das Eingedenken als eine paradoxe Pflicht verschrieben bzw. als durchschaubare Gefühlsmanipulation inszeniert wird. Trauer und ein entsprechend takt- und respektvolles Verhalten gegenüber der Erinnerung an die Opfer kann nur freiwillig oder überhaupt nicht entstehen.

Es wäre zu zeigen, daß eine *nicht-spontane* aber freiwillige, der *Trauer analoge Form der Solidarität mit fernen und fremden Opfern* nur als Resultat eines voraussetzungsvollen Prozesses entstehen kann, der die Differenz von Gefühlen und Wissen, von Trauer und Geschichte und die unterschiedlichen entwicklungsmäßigen und sozialisatorischen Bedingungen junger Menschen ernst nimmt.

Adornos Forderung, daß Auschwitz sich nicht wiederholen dürfe und man sich deshalb den subjektiven Voraussetzungen menschlichen Handelns zuwenden solle, erfordert eine genaue Diagnose der Kompetenzen, derer ein handelndes Individuum bedarf, um in vergleichbaren oder auch nur entfernt dem Nationalsozialismus ähnlichen historisch-politischen Umständen, verfolgten und bedrängten Anderen beizustehen, bzw. es erst gar nicht zu solchen Verfolgungen kommen zu lassen. Soll öffentlich praktische Aufklärung hierzu einen Beitrag leisten, kann es freilich nicht darum gehen, aus der Präsentation historischer Fakten und Zusammenhänge heraus einfach

Übertragungen vorzunehmen, sondern nur darum, sich mit den historischen Ereignissen so auseinanderzusetzen, daß hieraus *zwanglos* die Voraussetzungen für couragiertes und solidarisches Handeln entstehen.

Die von Jean Piaget entwickelte Theorie des genetischen Strukturalismus, die zumal von dem amerikanischen Psychologen Lawrence Kohlberg in den letzten Jahren um eine Entwicklungspsychologie des moralischen Urteils erweitert wurde, postuliert enge Zusammenhänge zwischen der Entwicklung der moralischen Urteilsfähigkeit und der Ausbildung kognitiver Fähigkeiten, die ihrerseits wieder auf das engste mit der Fähigkeit von Menschen zusammenhängen, sich aus ihren je entwicklungsbedingten Egozentrismen zu lösen und die Perspektiven anderer immer vollständiger und wechselseitiger zu berücksichtigen bzw. zu übernehmen. Erst die Auflösung individueller, gruppen- oder großgruppenbezogener Sichtweisen und die hypothetische Übernahme der Perspektiven und Bedürfnisse *aller* Menschen führt zu jener vollständigen Reziprozität, die das Wesen einer prinzipiengeleiteten, universalistischen, postkonventionellen Moral ausmacht.

Ob freilich die Fähigkeit, moralisch angemessen *zu urteilen*, auch schon die entsprechende Motivation dafür schafft, in riskanten Situationen auch diesen Einsichten gemäß zu handeln, ist höchst strittig. Intellektuelle Einstellungen und Fähigkeiten, auch moralischer Art, dürften allein kaum zu solidarischem Handeln motivieren, weswegen der Ausbildung nicht-egozentrischer moralischer Gefühle, wie der des Mitleides und des Sinns für Selbstachtung, eine entscheidende Rolle zukommt.

Vor dem Hintergrund solcher theoretischer Vermutungen, die die psychoanalytischen Einsichten Freuds, auf die sich Adorno wie noch Alexander und Margarete Mitscherlich beriefen, ergänzen, ergeben sich die Ziele, auf die sich öffentliches Gedenken an die Opfer des Nationalsozialismus zu beziehen hätte: Im Bereich der *wissensmäßigen Vermittlung* muß es um die Heranbildung eines präzise informierten, wissenschaftlich-hypothetischen Bewußtseins der Geschichte des Nationalsozialismus und der industriellen Massenvernichtung gehen, das in der Lage ist, Theorien als fehlbar, Fakten als überprüfbar und historische Zusammenhänge als interpretierbar zu erkennen.

Im Bereich der *affektiven Entwicklung* geht es um das schrittweise Verlernen individueller und gruppenbezogener Egozentrismen und rigider Identitätsentwürfe sowie um den Erwerb der Fähigkeit, sich in die Situation von Opfern hineinzuversetzen.

In den Bereichen moralischen Urteilens und sozialen Handelns sollte es endlich Ziel des Gedenkens sein, das den Opfern Widerfahrene von einem prinzipiengeleiteten moralischen Standpunkt aus als Unrecht zu beurteilen und darum, auf der Basis zureichender Informationen und universeller, auch affektiv verankerter Solidarität sowohl den ermordeten Opfern Respekt und Gerechtigkeit widerfahren zu lassen als auch unter aktuellen Umständen gerecht und solidarisch zu handeln.

Dennoch verbleibt bei all solchen Versuchen, dem Gedenken an die Opfer des Nationalsozialismus auch für eine künftige Zeit, in der die unmittelbare Beziehung von Angehörigen der bundesrepublikanischen Bevölkerung zu dem Geschehenen immer stärker abnehmen wird, einen rational nachvollziehbaren Sinn zu geben, der über das zynische und strategische Abfeiern von Gedenktagen hinausgeht, ein Rest von Unbehagen. Zu sehr, so scheint es, wird der vielzitierte Spruch eines jüdischen Mystikers, wonach des Geheimnis der Erlösung die Erinnerung sei, als geniale kollektiv-therapeutische Formel der Selbsterlösung der Täter, Mittäter und ihrer Nachkommen mißverstanden.

Es war Walter Benjamin, der in seinen 1940 verfaßten Thesen zum Begriff der Geschichte, in einer Zeit, da er von der Massenvernichtung nichts wissen konnte, folgendes formulierte:

„Die Vergangenheit führt einen heimlichen Index mit, durch den sie auf Erlösung verwiesen wird. Streift denn nicht uns selber ein Hauch von Luft, die um die Früheren gewesen ist? Ist nicht in Stimmen, denen wir unser Ohr schenken, ein Echo von nun verstummten? Haben die Frauen, die wir umwerben, nicht Schwestern, die sie nicht mehr gekannt haben? Ist dem so, dann besteht eine geheime Verabredung zwischen den gewesenen Geschlechtern und unserem. Dann sind wir auf der Erde erwartet worden. Dann ist uns wie jedem Geschlecht, das vor uns da war, eine schwache messianische Kraft mitgegeben, an welche die Vergangenheit Anspruch hat."

Ist der Gedanke einer Solidarität mit den Toten, einer Übernahme der Perspektiven, Wünsche und Bedürfnisse all jener, die nicht mehr leben und als Opfer in die entsetzliche Maschinerie der von Deutschen, von Nationalsozialisten gesteuerten Massenvernichtung gerieten, überhaupt nachvollziehbar? Ist der Gedanke eines nicht eigens geschlossenen Kontraktes, sondern einer gleichsam unbedingten Verpflichtung den Erschlagenen gegenüber, einer Verpflichtung, die gewissermaßen den äußersten Fall einer universell ausgebildeten Solidarität, einer *erinnernden, anamnetischen Solidarität*, darstellt, überhaupt intellektuell nachzuvollziehen und emotional zu realisieren?

Es scheint, als ob sich an der Frage einer nicht selbstbezogenen, anamnetischen Solidarität, die ja das Gegenteil einer spontanen Trauer um bekannte und geliebte Menschen ist, nämlich das Einstehen für die Fernsten und Fremdesten, entscheiden wird, ob Formen des Gedenkens, die der moralischen Ungeheuerlichkeit der Massenvernichtung auch nur annähernd entsprechen können, in Zukunft möglich sein werden.

# Die Autorinnen und Autoren

*Micha Brumlik*, geb. 1947 in Davos, Dr. phil, Professor für Erziehungswissenschaft mit dem Schwerpunkt Sozialpädagogik an der Universität Heidelberg. Zahlreiche Publikationen zu erziehungsphilosophischen, sozialpädagogischen, kriminologischen und judaistischen Themen.

*Emil Carlebach*, geb. 1914 in Frankfurt a. M., 1932 Abitur, kaufm. Lehre, Eintritt in die KPD. 1933 verhaftet. Kurze Zeit in Paris, illegale Rückkehr. 1934 erneut verhaftet. 1937 ins KZ Dachau überstellt, 1938 ins KZ Buchenwald. Mitglied der illegalen Widerstandsorganisation. 1945 eine Woche vor dem bewaffneten Aufstand auf die „Liste der 46“ gesetzt, die erhängt werden sollen. Bis zur Selbstbefreiung versteckt. Nach der Heimkehr Herausgeber und Chefredakteur der *Frankfurter Rundschau*. Landtagsabgeordneter der KPD. 1947 durch US-General Clay aus der *Frankfurter Rundschau* entfernt. 1948 Fraktionsvorsitzender der KPD in Frankfurt. 1956 nach dem Verbot der KPD erneut in der Illegalität. 1969 nach Gründung der DKP und Aufhebung der Haftbefehle Rückkehr nach Frankfurt. Mitglied des Bezirksvorstandes Hessen der DKP. Funktionär der IG Druck und Papier. Journalistische Tätigkeit und Buchautor.

*Kurt Grünberg*, geb. 1958, Dipl. Psych. und Dipl. Päd., lebt in Marburg und arbeitet derzeit an seiner Dissertation.

*Doron Kiesel*, geb. 1949 in Ramat Gan, Dipl. Päd, Dipl. Soz., Studienleiter an der Evangelischen Akademie in Arnoldshain, betreut die Schwerpunkte Jugend, Ausländer und Film. Veröffentlichungen zu Fragen der interkulturellen Pädagogik und des christlich-jüdischen Gesprächs.

*Salomon Korn*, geb. 1943 in Lublin (Polen). Studium der Architektur mit Nebenfach Soziologie an der TU Berlin und TH Darmstadt. 1976 Promotion zum Dr. phil. Seit 1973 Erforschung der Synagogenarchitektur in Deutschland; Aufsätze zu sozialwissenschaftlichen und architekturgeschichtlichen Themen; Tätigkeit als freier Architekt. Erster Wettbewerbspreisträger und Architekt des 1986 eröffneten jüdischen Gemeindezentrums in Zusammenarbeit mit H. v. Allwörden, G. Balser und R. Schloen. Vorstandsmitglied der Kirchheimschen Stiftung zur Förderung der Tradition und Geschichte der alten Israelitischen Gemeinde in Frankfurt. Seit 1986 stellvertr. Vorstandsmitglied der Jüdischen Gemeinde Frankfurt.

*Cilly Kugelmann*, geb. 1947 in Frankfurt, Dipl. Päd., Publizistin und freie Mitarbeiterin am Jüdischen Museum in Frankfurt. Mitherausgeberin der Beiträge zur jüdischen Gegenwart *Babylon*. Veröffentlichungen zu Fragen der neueren jüdischen Zeitgeschichte, zumal zur Geschichte der Juden im Nachkriegsdeutschland.

*Petra Kunik*, geb. 1945 in Magdeburg. Schauspielerin und freie Autorin. Veröffentlichte u.a. Kindertheaterstücke, Kurzprosa und Essays in Zeitschriften und Anthologien.

*Ernst Loewy*, geb. 1920 in Krefeld. Jüdische Volksschule, Realgymnasium (1935 wegen antisemitischem Druck verlassen). 1936 Emigration nach Palästina. Bis 1938 im Kibbuz, anschließend Buchhandelslehre in Tel Aviv. Verschiedene Tätigkeiten, zuletzt Bibliothekar beim Regierungspresseamt in Tel Aviv. Ende 1956 Rückkehr in die BRD. 1957 bis 1964 Leiter der Judaica-Abteilung der Frankfurter Stadt- und Universitätsbibliothek. 1964 bis 1983 Referent im Deutschen Rundfunkarchiv. Mitglied der Kommission für die Geschichte der Juden in Hessen. Vors. der 1984 in Marburg gegründeten „Gesellschaft für Exilforschung“. Zahlreiche Veröffentlichungen, u.a. *Literatur unter dem Hakenkreuz* (1966), *Exil – Literarische und Politische Texte aus dem deutschen Exil 1933–1945* (1979), Zeitschriftenaufsätze und Rundfunkbeiträge.

*Irene Runge*, geb. 1942 in New York, Dr. oec., wissenschaftliche Mitarbeiterin im Bereich Ethnographie der Humboldt-Universität in Ost-Berlin. Vorstandsmitglied der Jüdischen Gemeinde Ost-Berlin. Publikationen zu kultursoziologischen und historischen Themen. Derzeit arbeitet sie mit Kurt Pätzoldt an einem Buch über den 9. November und bereitet eine Studie zur Kneipenkultur in Ost-Berlin vor.

*Valentin Senger*, geb. 1918 in Frankfurt. Ausbildung zum Technischen

Zeichner. Konstrukteur, Betriebsleiter. Seit 1945 Journalist und Schriftsteller. Wichtigste Veröffentlichungen: *Brücke von Kassel* (Neues Leben, Berlin), *Am seidenen Faden* (Neues Leben, Berlin), *Einführung in die Sozialpolitik* (Rowohlt, Hamburg), *Kaiserhofstraße 12* (Luchterhand, Darmstadt), *Die jüdischen Friedhöfe in Frankfurt* (Kramer, Frankfurt), *Kurzer Frühling* (Ammann, Zürich).